Michael R. Buck

Medizinischer Volksglauben u. Volksaberglauben aus Schwaben

Eine kulturgeschichtliche Skizze

Michael R. Buck

Medizinischer Volksglauben u. Volksaberglauben aus Schwaben
Eine kulturgeschichtliche Skizze

ISBN/EAN: 9783743420489

Hergestellt in Europa, USA, Kanada, Australien, Japan

Cover: Foto ©ninafisch / pixelio.de

Manufactured and distributed by brebook publishing software (www.brebook.com)

Michael R. Buck

Medizinischer Volksglauben u. Volksaberglauben aus Schwaben

Medicinischer Volksglauben u. Volksaberglauben aus Schwaben.

Eine kulturgeschichtliche Skizze

Dr. M. R. Buck.

Ravensburg.
Verlag der Dorn'schen Buchhandlung.
1865.

Schnellpressendruck von Carl Maier in Ravensburg.

Medicinischer

Volksglauben und Volksaberglauben

aus Schwaben.

Vorwort.

Nachfolgende Blätter bilden eine Vervollständigung des von Dr. Birlinger, und im ersten Theil auch vom Unterzeichneten, im Jahr 1861 durch Herber in Freiburg herausgegebenen „Volksthümliches aus Schwaben". Der Zweck der Herausgabe dürfte damit hinreichend angedeutet sein. Bezüglich der Form dieser Skizze bin ich den Lesern einige Erläuterungen schuldig. Als beschäftigter Practiker konnte ich auf die Form nicht jene Sorgfalt verwenden, welche zeitreichen Schriftstellern Gelegenheit gibt, stylistischen Glanz zu entfalten, als getreuer Wiedergeber dessen, was ich zum Vorwurf meiner Sammlung genommen, durfte ich den derben Volkston nicht abstreifen und als Ausbeuter eines verhältnißmäßig kleinen Gebietes mochte ich dem Wiedergegebenen den lokalen Anstrich auch im Dialect nicht nehmen. Zudem glaube ich darin, daß der Donaudialect überhaupt die charakteristische Formung der schwäbischen Mundart darstellt, eine Rechtfertigung für dessen ausschließlichen Gebrauch in diesen Blättern zu finden. Wenn ich gegen meine in andern deutschen Gauen lebende Collegen den schüchternen Wunsch ausspreche, daß diese Zeilen für sie einen Anstoß zu ähnlichen, und wie ich nicht zweifle, besseren Arbeiten geben mögen, so habe ich damit das Interesse der deutschen Kulturgeschichte im weitesten Sinne im Auge, denn ich hege die lebhafteste Ueberzeugung, daß durch die Vergleichung einer Reihe ähnlicher Sammlungen aus den verschiedensten Gegenden des gemeinsamen Vaterlandes überaus merkwürdige Resultate zu Tage kommen werden. Bisher ist mir nur Eine ähnliche Arbeit eines Fachgenossen bekannt geworden. Volks= medizin und Aberglaube im Frankenwalde von Dr. Flügel, Bezirksarzt in Kirchenlamitz. München 1863. Lentner'scher Verlag. Eine er= schöpfende Symbolik von Kraut und Stein, von Mensch und Thier wird auf solcherlei Boden wachsen müssen.

Schließlich sage ich meinem Landsmann, Thierarzt Siebenrogg zu Ertingen, aufrichtigen Dank für seine vielen und interessanten Beiträge.

An Michaelis 1864.

Dr. B.

Inhalt.

I. Die Leute.
    Seite
- Abstammung 1
- Mundart 2
- Körper und Geist 2
- Feldbau. Thierzucht 4
- Speise und Trank 5
    - Am See 5. Um den Bussen 6. Im Unterland 7.
- Wohnungen 8
- Sitten, Gebräuche, Fruchtbarkeit, Lebensalter 9
- Volksthümliche Bezeichnung der Körpertheile, ihrer Verrichtungen, der Krankheiten und ihrer Deutung 11
- Das Aeußere des Menschen 11
    - Einzelne Körpertheile: 1) Kopf. Sinne des Kopfes 12. Augenkrankheiten 13. Ohrenkrankheiten 13. Nasenkrankheiten 13. Mundkrankheiten 13. Hirn- und Nervenkrankheiten 13. Kopfschwarte 14. Haarkrankheiten 15. Haarwurm 15. Schuppen 15. Schnupfen 16. 2) Hals, Kröpfe 16. 3) Brust und Rumpf 16. 4) Genitalien 16. 5) Gliedmaßen 16. 6) Eingeweide. Deren Verrichtungen 17. Natur der Krankheiten 18. 7) Ausschlagsformen. Schmerzensäußerungen 19. Thiere im Menschenleib 20.
- Mauserungen 20
    - I. Das Blut. Baden. Aderlaß 20. II. Eingeweide. Auswurf 22.
- Tod 23
- Zur Symbolik der menschlichen Gliedmaßen 24

II. Die Heiler und Heilmittel.
- Heilige Nothhelfer 26. Vierzehn Nothhelfer 26. (T. Aegidius, Jörg, Barbara, Katharina, Margaretha, Eustach, Erasmus, Achaz. Veit, Christoph, Dionys, Pantaleon, Cyriak, Blasius. — Eulogius, Ottilia, Donat, Agatha, Quirin, Florian, Sebastian, Wendel, Rochus, S. Anton Eremita, S. Anton von Pabua, Apollonia, S. Räbes, Luib, die 3 Elenden beim Stein.) Außenkapellen. Menschliche Heiler.
- Kräuter der Heiligen 29
- Symbolische Kräuter 30

	Seite
Heilkräuter, -Stauden und -Bäume	31
Thiere, thierische und menschliche Stoffe als Heilmittel	41

  Speichel 41. Leim 42. Wachs 42. Honig 42. Milch 42. Blut 44. Koth 45. Urin 46. Fette (Schmalz, Schmeer) 46.

Die Thiere und deren Eingeweide ꝛc.	47

  Katze, Hund, Hase, Rind, Roß, Wolf, Schwein, Esel, Igel, Wiesel, Hirsch, Maulwurf, Eichhorn, Gemse, Dachs, Meerschwein, Stincus marinus, Fuchs, Gaiß, Bock, Elend, Maus, Fledermaus, Geier, Adler, Bussard, Eule, Widhopf, Storch. — Eidechse, Schlange, Frosch, Krebs, Schnecken, Hecht, Aal, Forelle, Häring, Schleihe. — Wanzen, Spinne, Grille, Ameise, Kellereseln, Meerschwamm, Wurm, Filzlaus, Kopflaus.

Menschentheile. Curen	55

  Blutstillung, Fallsucht, Viertägiges Fieber, Böse Augen. — Wildzauber. — Bettpissen, Unsichtbarmachen, Grimmen, Zahnweh, Kopfweh, Wehetag, Bauchgrimmen. — Ei. — Feuer, Licht, Sonne, Mond. — Wasser. — Luft. — Erde.

III. Sympathie.

Besegnungen	60

  Blutstillung. Wider ein bluot Segen. Ein gewiße bluot Stellung. Ein Andere bluot ge Stillung. Andere Blutstellungen. Gegen Nasenbluten. Segen gegen die Ueberröthe.

Fieber	61

  Segen. Gegen das viertägige Fieber ꝛc.

Brand. Drei Segen	62
Für die Schweine	62
Für Herzgesperr und Unterwachs	63
Schweinung. Fünf Segen	63
Allerlei andere Segen und „klein Hexenwerk"	64

  Darnisicht. Ungenannt. Hundszauber. Gewehrsegen. Viehzauber zu vertreiben. Wundsegen für Kinder. Gegen Halsweh. Häder. Probe, ob Jemand noch am Leben. Windholz. Leberleiden. Verzapfungen. Schiabik. Leibschaden. Schwindsucht. Zahnweh. Fallsucht. Fallsuchtkur. Hexenspiegel. Kindbetterinnen. Zahnweh. Warzenkuren. Zahnweh. Krampf. Verhextsein. Nageltritt. Hundswuth. Franzosen. Gries. Podagra. Ueberbein. Unterwachs. Vom Vertragen. Würgen. Häder. Kugeln gießen. Gliedersucht. Gelbsucht. Gichter. Holgenweh. Müdigkeit gegen. Schweinung der Pferde. Milchzauber. Hexensegen. Nervenfieber. Gebrochenes Bein. Blutstillender Bovist.

IV. Hausapotheke.

Volkswundarznei	71

I.
Die Leute.
Abstammung.

Wenn schlehweißes Haar ein unzweifelhaftes Zeichen germanischer Abkunft ist, so kann man sich über die Herkunft der Schwaben in jeder Schulstube hinreichenden Aufschluß verschaffen. Die lichten Haare der jüngeren Klassen verdunkeln sich gegen die älteren Klassen zu, um vom Flachsfarbenen in's Nußbraune der jungen „ledigen Leute" überzugehen. Wie überall, trifft man auch hier zu Lande Schwarze und Rothe. In Oberschwaben dürften die Schwarzen großentheils romanische Nachkömmlinge sein, da urkundlich starke Einwanderungen aus den Gebirgsthälern der Schweiz und des Tyrols stattgefunden haben, und im oberen Theile Oberschwabens, heute noch ein nicht unerheblicher Zufluß romanischer Leute, die dort als Dienstboten ab und zu wandeln, stattfindet. Was die eigentlichen rothen Haare anbetrifft, so ist ihre absolute germanische Wesenhaftigkeit sehr zweifelhaft, da man unter den verschiedensten Nationalitäten ganz impertinent blonde Exemplare antrifft. Möglich, daß ein Theil derselben Hinterlassenschaften deutcher Heerzüge sind. Stämme werden von andern Stämmen durch den Mann fermentirt; das Weib kommt viel zu selten und in zu geringer Zahl unter anderartiges Volk, als daß es rasseverändernd auf einen fremden Stamm einwirken könnte. Aber das Weib ist doch nichtsbestoweniger die Urwurzel eines Volkes, welcher wesentlich die Erhaltung der Eigenartigkeit eines Volksstammes zu verdanken ist; denn zahlreiche Beobachtungen bestätigen, daß das Weib schon in der zweiten, häufiger in der vierten Generation, den fremden Sauerteig als nicht assimilirbar wieder ausscheidet und die alte ursprüngliche Stammeseigenthümlichkeit in ihren Kindern wieder herstellt. Ob die Farbennüancirungen vom Dunkeln zum Lichten, und umgekehrt, mit den Generationen in wellenförmiger Bewegung hin- und herschwanken, will ich nicht steif behaupten, aber nach meinen Beobachtungen scheint in unserem mehr oder weniger vermischten Volksstamme jetzt gerade eine stetig fortschreitende Bewegung vom dunkleren Haare zum helleren stattzufinden. Indessen dürfen wir bei der allgemeinen Völkermischung in Europa annehmen, daß der schwäbische Volksstamm einer der reinstgebliebenen ist, und daß, wie auch die neuere Statistik dargethan hat, insbesondere die Oberschwaben der Beschreibung der alten Alemannen am nächsten kommen. Ich besitze das Material nicht, um untersuchen zu können, wie viel Richtiges an der Behauptung ist, die Oberschwaben seien Nachkommen der alten Juthungen; aber wenn es ein sichtbares Band gibt, das die jetzige Generation mit den Geschlechtern vor der Völkerwanderung ver=

knüpft, so ist es die Sprache, und das genaue Studium der oberschwäbischen Mundart wird dem Kenner sagen, wie weit die Oberschwaben mit den gothischen Völkern verwandt oder identisch sind.

Mundart.

Durch das Schwabenland ziehen sich, soweit es wenigstens das heutige Württemberg anbetrifft, fünf Dialectgürtel, die sich von Nord nach Süd an einander legen. 1) Der unterländer oder niederschwäbische Dialect, 2) der Alpdialect, 3) der Donaudialect, 4) der oberschwäbische Dialect und 5) die sogenannte alemannische Mundart am See. Die Eigenthümlichkeiten der schwäbischen Mundart sind in dem Donaudialect, wie ihn z. B. der gemeine Munderkinger spricht, am ausgeprägtesten erhalten. Es kann nicht meine Aufgabe sein, hier einen Abriß der Mundartverschiedenheiten zu geben; ich kann nur im Allgemeinen andeuten, daß wenn man, ähnlich dem Geognosten, der für entsprechende Lagerungen seine Leitmuschel hat, das Zeitwort: „sein" in diesen Mundartengürteln zum Leitwort nimmt, sich etwas für den genannten Mundartengürtel ganz Charakteristisches kund thut. Es lautet im Particip passiv im ersten Gürtel: gwëә, im zweiten: gwe͂o, im dritten: gsc͂ī͂, im vierten: gsái oder gsing, und im fünften endlich: gsī. Nun gibt es freilich einzelne Dörfer, ja einzelne Familien, welche die Eigenthümlichkeiten ihres entsprechenden Mundartgürtels ganz charakteristisch beibehalten haben, während in der großen Masse die Tendenz zum Abschleifen der Dialecteigenthümlichkeiten unverkennbar an Stärke gewinnt. Gleichsam inselförmig in diese Dialectzonen eingesprengt, gibt es einzelne Ortschaften, welche einen ihrer ganzen Umgebung fremden Dialect sprechen, so z. B. Mühlheim an der Donau, Heudorf, OA. Saulgau, u. s. w. Sowohl die Umgebung, als die Bewohner solcher Dörfer selbst behaupten für diese Leute fremde Abstammung; so rühmen sich die Heudorfer ihrer Abkunft von den Zigeunern, obgleich sie um deßwillen von ihrer Nachbarschaft markirt, d. h. verspottet werden. Schließlich möchte ich noch darauf hindeuten, daß mit der Südgrenze des Alpdialectes die Südgrenze desjenigen Gürtels, in dem die Ortschaften mit dem Endwort —ingen liegen, zusammenfällt, daß im ganzen Oberschwaben keine zehen Orte mit jener Endung zu finden sind, während in dem niederschwäbischen und Alp=Gürtel sich deren nach Hunderten vorfinden. Ich habe an einem anderen Orte über diesen eigenthümlichen, aus Unterfranken hervorbrechenden und bis an den Rhein sich ergießenden Strom der Wohnorte mit dem Endwort ingen, mit seiner nordost=südwestlichen Richtung, seiner scharfen Nord= und Südgrenze u. a. m. gesprochen.

Körper und Geist.

In Uebereinstimmung mit den Mundartgürteln gruppiren sich die Schwaben auch nach körperlichen Eigenthümlichkeiten. Während die Niederschwaben schlanke, hagere, im Vergleich mit den Oberschwaben

fast wabenlose Leute sind, die eine gewisse Zähigkeit und Ausdauer in
Ertragung der Nöthen des Lebens vor den Oberschwaben voraus haben,
ist dieser durchschnittlich größer, breiter, muskulöser, zum Beleibtwerden
geneigt. Der Oberschwabe entwickelt im Heben von Lasten (lupfa), im
Tragen auf der Schulter und im Raufen eine Kraft und Gewandtheit,
welche ihn vor seinem unterländer Stammesgenossen wesentlich auszeichnet.
Es ist nicht zu verwerfen, daß der Unterländer diese körperliche Ueber-
legenheit des Oberländers dessen fleischreicher Nahrung zuschreibt, denn
besonders im mittleren Oberschwaben geht das Fleischessen in's Immense.
Der Niederschwabe nährt sich mehr von Vegetabilien: Kartoffeln, Welsch-
korn und Mehlspeisen; der Oberschwabe ißt Jahr aus Jahr ein, mit
Ausnahme der Fasttage, täglich wenigstens einmal Fleisch. Die Bewohner
des Seeufers und die Allgäuer nähern sich in ihrer Nährweise wieder
mehr den Niederschwaben, da diese auch wieder mehr die Erzeugnisse
des Obst-, Wein- und Gartenbau's, sowie die der Milchwirthschaft vorherrschend genießen. Am meisten Fleisch und Speck wird in der Gegend
um den Bussen vertilgt, weßhalb die reisenden Handwerksbursche jenen
Berg nicht ohne Witz den Speckbuckel nennen, um welchen für Leute
ihres Gelichters gut herum zu reisen sei. So schlachtet man dort in
ein mittelgroßes Bauernhaus jährlich für etwa zehn Personen sechs
Schweine und ein oder zwei Rinder. Indessen hat das Fleischessen auch
dort erst seit Mannsgedenken so stark zugenommen, da vor fünfzig,
sechzig Jahren bei der damals üblichen Waidwirthschaft die Erzeugung
so vielen Fleisches, wegen mangelnder Mastung, nicht möglich war. Jetzt
ist an die Stelle der alten Waidwirthschaft ein rationeller Betrieb der
Landwirthschaft getreten, und ist durch die guten Zeiten, das Aufhören
der Lehenbarkeit, durch den gesteigerten Fleiß der Leute durchgängig eine
Wohlhabenheit eingetreten, daß auch der ärmste Kläftler jährlich sein
Schwein schlachten kann. Was den Charakter der Oberschwaben an-
belangt, so zeichnet er sich durch eine gewisse Noblesse, durch aristokratische
Färbung, durch derbe Offenheit, ein gewisses zähes Festhalten am Alt-
hergebrachten, durch ein sehr empfindliches Rechts- und Ehrgefühl aus.
Der beleidigte Oberschwabe greift seinen Gegner offen an, und macht
leider nicht selten vom Prügel, und was noch schlimmer ist, vom Stilet
Gebrauch. Er ist ein geborener Raufer und in den ledigen Jahren zu
kriegerischen Unternehmungen sehr geneigt. Er haßt Kleingewerbe, Kleingüterei und landfahrendes Volk, ob es handle oder bettle. Er sieht bei
Heirathen mehr auf das Herkommen aus einer alten Familie, als auf das
Vermögen. Eine alte Tracht besitzt er trotzdem nur noch in einzelnen Orten,
und dort nur noch bruchstückweise. Um Biberach die schwarzen runden
Hüte, die blausammtenen Westen mit den zahlreichen Sechsbätznerknöpfen,
die schwarzen kurzen Lederhosen, die weißen Strümpfe mit den Bossen
oder Wadenstiefeln, in der rechten Hosenseite das Stilet, im Mund die
silberbeschlagene Tabakspfeife. Das weibliche Geschlecht zeichnet sich
stellenweise noch durch seine an Sonn- und Festtagen prangenden, goldenen oder silbernen Radhauben aus. Der Unterländer ist mehr ein

Freund des Fortschritts, ein gewiegter Kritiker, im Allgemeinen belesener, mehr Gewerb- und Handelsmann, pfiffiger und schlauer, ein Freund der Arbeitstheilung, der Kleingüterei, und wird daher vom Oberländer oftmals Hungerleiber titulirt. Der Unterländer ist ernst, grüblich, geneigt den letzten Grund der Dinge zu erforschen, der Oberländer lebenslustig, Liebhaber des Komischen, des Studiums der Formen, der Kunst und der Mode. Jener ein beschaulicher, dieser ein traulicher Mensch. Das Unterland hat durchgängig seine alten Volkstrachten erhalten, obgleich es in geistigen Dingen dem Neuen weit bälder huldigt als das Oberland.

Feldbau. Thierzucht.

Der Oberländer ist Feldbauer, vorwiegend auf mittelgroßen Höfen, die bei guter Feldbeschaffenheit wenigstens 80, meistens aber über 100 Morgen haben müssen. Die kleineren Bauern nennt man Söldner, die noch kleineren, welche zwischen 1 und 15 Morgen Feld haben, sind die Kühbauern oder Kläßler. Der eigentliche Bauer (die andern nennen sich nicht Bauer) ist immer ein Roßbauer und hält 4—10 Roßköpfe. Der Söldner ist Ochsenbauer, der Kühbauer hält nicht selten 4—6 Kühe zum Arbeiten. Alles Zugvieh arbeitet im Oberland mit Kummneten. Im Unterland ist das Joch beim Hornvieh allgemein. Der Unterländer treibt seine Felder vorherrschend mittelst Ochsen um. Bei der großen Zerstücklung von Grund und Boden betreibt er seinen Landbau mehr nach Art der Gartenwirthschaft, er arbeitet neben dem Pflug vorzüglich mit der Hacke. Der Oberländer dagegen bedient sich bei seinem relativ großen Grundbesitz überall des Pfluges und des Rosses; er muß ein schnell arbeitendes Thier und Instrument haben, da er mit der Pünktlichkeit und Langsamkeit des Unterländers nichts fertig brächte. Die Rosse sind der Stolz des Oberschwaben, wie die Stiere der Stolz des unterländer Bauers sind. Nach der Zahl und Schönheit der Rosse, nach der Zahl der jährlich gezogenen Fohlen (Füllen) wird der Reichthum des Bauers geschätzt. Man rechnet auf einen Hof mit 100 Morgen 6 Roßköpfe und 20 Stück Rindvieh. Die Roßmärkte zu Waldsee, Biberach, Riedlingen, Ravensburg und Saulgau sind beredte Zeugen der blühenden Pferdezucht. Die Statistik zeigt, daß in Oberschwaben auf die Quadratmeile 425 Pferde kommen, ein Verhältniß, wie es schwerlich ein anderes Land wird aufweisen können. Schon im zehnten Jahrhundert waren die alemannischen Hengste in Italien gesucht; der verstorbene Schwabenkönig hat die Pferdezucht wieder auf eine nie gekannte Höhe gebracht. Was die Viehschläge anbetrifft, so findet man im Allgäu große, scheckige, milchreiche Rassen, im mittleren Oberschwaben meist schwarzes Montafuner Vieh, nördlich der Donau aber das gelbe und rothe Vieh des Unterlandes. Der Unterländer ist gegendweise ein trefflicher Winzer, die Rebleute am See (Bodensee) sind in dieser Hinsicht noch auf einer sehr niederen Kulturstufe. Der eigentliche oberländer Bauer baut an Winterigem vornehmlich Korn (triticum speltha), der Name Dinkel ist ihm nicht geläufig.

Ist das Korn gedroschen, so nennt er es plur: Veesen, ist es in der Mühle gegerbt (enthülst), dann heißt es: Kernen. Diese Fruchtart ist der einzige Handelsartikel von den Winterfrüchten. Roggen baut man nur zum Hausgebrauch für das tägliche Brod und um der Strohbänder willen. Sommeriges: Gerste wird in großen Massen angebaut, die Gerste geht in die Brauereien des In- und Auslandes, viele sogar in die Lombardei. Korn wandert in die Schweiz. Haber baut man nur in den rauhen Gegenden der Alp und des Allgäu's in Mengen, die der Rede werth sind. Da es keine Brache mehr gibt, so baut man im Brachösch, an Futterkräutern: besonders den rothen breiblättrigen Klee, auf der Alp auch den Esper; Riesenmöhren und Kürbisse werden im Oberland nur da und dort, die Kartoffeln aber in großen Mengen, doch mehr zum Gebrauch als Viehfutter, denn als menschliche Nahrung angebaut, da der Oberschwabe mit seinem Fleischmagen vor der schwachnährenden Kartoffel (aidepf.l) wenig Respekt hat. Nicht unerheblich ist auch der Anbau von Reps, Zuckerrüben, Dickrüben und im engeren Oberland der eßbaren weißen Rübe, welche zu dem beliebten riəbəkreitlə eingeschnitten wird. Uralt ist der Flachsbau. Den Flachs nennt der Oberschwabe: wörgg; auf das hohe Alter des Flachsbaues in Schwaben mögen die termini: jau˘, sang, fidərling, baussə und dgl. hindeuten.

Speis und Trank.

Im Unterland und am See trinkt man Wein und Most (Apfelwein), auf der Alp und im Allgäu Brandtwein, im Oberland Weißbier. Das Weißbier wird aus Malz und Hopfen mit Obergährung gebraut. Vor Zeiten war das Weißbier ebenfalls durch Schnaps ersetzt. Im ganzen Schwabenland nimmt in neuerer Zeit das Braunbier als Hauptgetränke die erste Stelle ein. Wein wird in Oberschwaben nur bei Festlichkeiten oder von reichen Bauern zu Hause getrunken. Auf einen guten und reichlichen Trank hält der Schwabe viel, doch ist das habituelle Saufen gegen frühere Zeiten fast ganz abgekommen. Nicht minder viel als auf das Trinken hält er auf das Essen. Keine Kirchweih, keine Taufe, keine leicht, kein opf.r, kein mousfeitig, keine sich.l oder pfleg.lhe˘nke˘ ohne reichliches Essen und Trinken. Kein Anlaß zu leiblicher Letze wird unbenützt vorübergelassen. Der Oberschwabe ißt täglich fünfmal, dreimal warme Speisen, zweimal kalte. Letztere bilden das Unterbrod oder Brod schlechtweg genannt. Man ißt Morgens in aller Frühe, dann um 9 oder 10 Uhr Vormittags das Brod, um 12 Uhr zu Mittag, um 4 Uhr abermals das Brod, in Ehingen collazia˘u˘ genannt, endlich Abends um 6 oder 8 Uhr, je nach der Jahreszeit, zu Nacht. Ich will in Kurzem anführen, was am See, im mittleren Oberschwaben (Donaugegenden) und was im Unterland gegessen wird.

1) Am See: Morgens vor dem Frühstück geht in Bauernhäusern, wo man chaltə hat, ein halber Schoppen brennts (Branntwein) um den Tisch, hernach ißt man: brə˘nts muəs, sürə oder brätnə

boddəbiərə, hat man eben geschlachtet: würst und brâtne boddəbiəre. Z.nîne ëssə: Brod mit Most oder Schnaps, im Winter mit einem Hafen voll Bodenbirnen. Mittags ißt man an Hochzeiten: eine Weißbrodsuppe oder Gerstensuppe mit kichərokërn, was bort landbräuchig ist, dann sûrs, d. h. saure Kutteln und Bratwürste dazu, dann flåəsch, dîgis oder grîs mit geschnittenen Nudeln als Zugemüse, bisweilen auch mit boddəbiərəsallåt oder sûre kichərə (Bohnen), hernach kommt krût und spëck, dann dîtsch wildprët, d. h. gebeiztes Rindfleisch, gefüllte Brust und Zwetschgen, drunter hinein bëchtər, d. h. aus Buttertaig gemachtes Backwerk zum Austunken der Brühen. An Werktagen ißt man nur während des Sommers Fleisch, sonst fast täglich krût und knepflin, krût und brâtne boddəbiərə, Welschkornmus, cchrazzədə, ferner auch (aber jedes Gericht für sich besonders): supp, knepflin, kichərə; zur Sommerzeit auch mangltstirfl in sûrer Brühe oder auch als Salat; gschupfte nudlə, boddəbiərənudlə, hosəbendl, türkəpflutta, brîmëlpflutta, flåesch und knepflin, gwâlete kiəchlin, pfäzëlte, epflkiəchlin, mîslin (Salbeistengel in Küchelntaig getaucht), ëlkiəchlin, verzogene kiəchlin, cchriəsəsuppə, hâədləsuppə. Für Kinder backt man den schêrərlåəb und den epfllåəb (Taig wird um einen sehr großen Apfel gewälzt und gebacken). Am Klosentag figurirt das schwizzərle-, ein Brodmännchen, an Weihnachten der biərəzëltə, am Neujahr dr zopf, an der Fastnacht der fâsnətring, später der funkəring. Als netzədə werden Apfel- und Birnenschnitz, sowie bürre kriəchə (kleine runde Pflaumen) hergegeben. Luxusartikel sind: brâtne schnëckə mit brîmëəl, sûre schwëmm und rêling, von Fischen: dreischə, fêlə, rû-hegl, schleiə. In manchen Häusern ißt man den Kaffee mit gebratenen Kartoffeln, kësknepflin in der Weise, daß Käs und Knöpflein schichtenweise abwechseln, krûtsallåt und spëck u. s. w.

2) Um den Bussen, wo man auf das Schmalz sehr viel hält, wird in nachstehender Weise gespeist; Frühstück: eine Pfanne voll schwâz muəs, hâbərmuəs, mit einer Schichte flüssigen Schmalzes oder gruibə übergossen, dazu wird Sauerkraut aus der Stande gegessen. Hierauf folgt eine Suppe, oder Milch und Brod, oder Kaffee, oder auch alles zusammen. Zum „Neunebrod" werden im Sommer Milch und Brod oder Weißbier, Rettig, Kukummern und Brod genossen, ferner Milch und Erdäpfel „in den Hosen". Ueber Mittag kommt mit Ausnahme der Fasttage, Jahr aus Jahr ein, alle Tage grün oder dîgə Fleisch mit krout im Winter, mit sallåt (Gartensalat) im Sommer auf den Tisch. Dazu ißt man knepflə, auch spëtzlə genannt. Das Kraut ist in den Donaugegenden Kappiskraut, im mittleren Oberland meist Rübenkraut. Im Schmalz werden gebacken und an Fasttagen gegessen: schupfnudlə mit oder ohne Kraut, tubacknudlə, buttrnudlə, krout-, aidepfl-, epfl-, kës-, bâiər-nudlə, ferner: sackbendl, hosəbendl, pflutta, kratzədə, hëədepfl-, epfl-kratzədə, kiəchlə, salve-, holder-, ël-kiəchlə, ëlseckl, stroubədə, brockədə, sîdere, streichət, siderebrockə, schmalzwâichlə, ei-gschlagene- âiər, åiərhâbər, ferner:

nackete⁻ ober a⁻gschlaifte dampfnudlə⁻ mit mill ober schleiforbriə, gogəlhopf, pfaff ober kîəpriəstər, schmudəritz, milchschmårrə, holdərmuəs, gschüəkets muəs; brâtene knüpfle u. ſ. w. krout-, brod-, flåisch-, aidepfl-, lëəbər-, kës-knepfle unb knepf, bompflknepf, krapfə, krout-, spi⁻nat-krapfə, zwëgstə unb schnitz, soure bau⁻nə, soure geil (Bohnenferne); ribələ-, wassər-, schnell-, bre⁻nn-, aidepfl-, ëschə-, la⁻iəə-, mill-, hëiələ-, wûəst-suppe; gsëlz unb latwëərre (electuarium) zum Aufſtreichen auf das Brob. Die Fleiſchſorten ſind: gri⁻əs, dîgi⁻s, sours, brâtəs, schwa⁻ine⁻s, ri⁻nde⁻re⁻s, seiləmâgə, niərlə, glibr, kuttle⁻ (geröſtet, brëglət ober ſauer), gurgl mit Salz, kesselflåisch, ringlə, hëfəlowûst, brâtwüşt, knackwüst, bluət-, lëəbər-, fisch-wüst (letztere werden in ben Donauorten häufig gegeſſen), schibling, landjäger, froschsche⁻nkl, ſaure, verbämpfte, gebratene, gebackene Schnecken mit ober ohne Kraut. Luxusartikel: souairle, sulz ober zittere⁻.

Fiſche: Weißſiſch, âlət, barmə, na⁻se, groppə, grundlə, hecht, forëllə (auch fro⁻nëllə), rouigl, rauthaiglə, souigl, stichling, schleie, braxə, wëəllər, dreischə; stockfisch, hëring; krëəbs. Letztere werden von ber Dorfjugend bei lebendigem Leibe verzehrt. — Käs: bachəstoi⁻kës, zîgər, schweizer, emməthalər, bourekës mit ke⁻me⁻. Käse bringt ber „Heiret" ſeinem Schatz, ber Bauer ſeiner Bäuerin als Marktkram heim. —

Brobt (braudt) wird als gewöhnliches Hausbrob aus Gersten- und Roggenmehl gebacken. Luxusbrobe ſind: das Weißbrob schlechtweg (aus Kornmehl), epfl-, hutzlə- ober biərəbrod, — in Zeiten ber Noth das Elendbrob aus: krisch unb bre⁻nnnesslə.

Der Bäcker backt: weckə, ring, brëətzgə, weisring, funkəring, ziehring, sailə, prîgl, zepf, ma⁻, vëgl, resslə, kläse, geigənə, schlotzərbrod, murbs, mutschələ, fluigə (= rosinen) ꝛc. brod.

Schwämme: morchlə, hërrəblitz, pfiffərling, rëling, treischling, hâidərling, hasənairlə, brëtling, rëtling (braitling [Brob], raitling [roth]). Sie werden übrigens nur von armen Leuten geſucht und gegeſſen. — In dieſer Gegend, wo man ſo viel Fleiſch und in Schmalz gebackene Mehlſpeiſen ißt, gilt Schmalz gleichviel mit Kraft; man ſagt daher von einem tüchtigen Kegler, er müſſe Armschmalz, von einem ſtarken Müllerknecht, er müſſe wegen des Säcketragens Knieschmalz haben.

3) **Küche und Keller des Unterlandes.** (Um Deggingen im Gaißenthäle.)

Morgeneſſen: muəs mëəlsupp, gwermte grumbiər (Grundbirnen), welche im Schmalz gebacken werden; gschmalzənə brei = schwarzes Mus; häfelessupp, hartes Brob wird in einem Hafen zu Suppe verſotten; ribələssuppə, griəsbrei.

Mittageſſen: milchknöpflə unb milchspatzə, dampfnudlə, ofənudlə, höhlesnudlə, schupfnudlə; durrənəndr, b. i. ein von Eier und Mehl gebackenes, das stark zerriſſen wird; kroutknöpfle unb kroutspatzə; heffəknöpflə (bie mit Hefe bereitet werden); Knöpflein und Spätzlein

ſpielen überhaupt eine große Rolle; sêməknöpflə (aus Semmel mit Fleiſch=
brühe bereitet); öpfl-, zwetſchgəſchmarrə, öpfl- und zwetſchgəmuəs.

Abendeſſen: wassərsupp, muəsmëəlsupp mit Kartoffeln und Milch
(beſonders ſüße oder ſaure knolləmilch). Außerdem ißt man: buttər=
drägbrod (der Abſud beim Butterausſieben heißt buttərdräg). ſchmalz=
ſchnítlə. plátz von Zwiebeln, Aepfeln, Zwetſchgen. Der Platz (Kuchen)
iſt kreisförmig, hat 1½ Fuß im Durchmeſſer, iſt ¼ — ½ Zoll hoch.
krapfəs = Weißbrod mit Obſtſchnitz vermiſcht. goglopfəs, tortenartig
Gebackenes. biəst iſt das aus ganz junger Milch Bereitete.

Seltener wird Fleiſch gegeſſen.

Die Salate, welche jetzt in ganz Schwaben mit Eſſig angerichtet
werden, wurden vor etlichen und fünfzig Jahren, wo man vom Eſſig
ſo viel wie nichts wußte, mittelſt Knollenwaſſer (ſauren Milchwaſſers)
oder Krautwaſſer ſauer zubereitet. Es iſt eine beachtenswerthe Frage,
ob nicht die in den Donaugegenden ſo ungemein häufig vorkommenden
organiſchen Magenerkrankungen mit dem fabelhaften Verbrauch von
Eſſig im Zuſammenhang ſtehen.

Wohnungen.

Die Wohnhäuſer, Scheuern und Speicher (unter speichər verſteht
der Oberſchwabe eine Pfründnerwohnung) ſind in den Donaugegenden
am geräumigſten, auf der Alp und im Allgäu am kleinſten. In den
Donaugegenden ſind faſt alle Gebäude mit Ziegelplatten, in einigen
uralten Orten, wie z. B. Ertingen ſind noch viele Häuſer*) mit Hohl=
ziegeln, wenige Gebäude mit Stroh gedeckt. Dagegen ſind die Stroh=
dächer auf der Alp und im Oberland ſehr häufig, im Allgäu finden
ſich auch, wie es im Gebirge bräuchig iſt, Schindeldächer. Im Donau=
thal gibt es Bauernhäuſer, welche mit den zum Feldbau und zur „hâb",
d. h. Vieh und Roſſe, nöthigen Gelaſſen eine Länge von acht bis zehn
kâr oder kair (d. h. ſo viel mal 10 Fuß) beſitzen, mit einer Höhe bis
auf dreißig, ja vierzig und mehr Fuß und einer nicht minder großen
Breite. Im Oehrn, oberländiſch Hausgang genannt, befindet ſich meiſtens
eine Stiege, welche in den oberen Stock führt, unter derſelben eine
he‾nnəsteig oder der hackstotzə zum Metzgen. An den Wänden hängt
allerlei Zug=, Heb=, Schneid=, Säg= und Hiebgeſchirr, in den Ecken
lehnen Beſenſtiele, Axthälme, Hauen, bickl, Rechen, Gabeln u. ſ. w.
Vom Hausgang aus führt eine Thüre links oder rechts, je wie das
Gelaß ſommerig oder der Scheuer zugewendet liegt, in die Wohnſtube,
ſchlechtweg stúbə genannt, in welcher ſich neben dem großen kachlofən
eine zídələ oder ein Hochſitz mit 2—3 Stufen befindet. Ueber Thüren
und Fenſter laufen die se‾mpsə, auf welche man Oeltiegel, Bücher,
Bürſten, strâl, grschtr u. dgl. m. hinaufzulegen pflegt. Eine ächte Bauern=

---

*) Bauernhäuſer mit den Jahrzahlen 1533, 1546, 1531 (Dachſtuhl der Kirche)
u. ſ. w., ſogar Dachziegel mit der Jahrzahl 1546. Die Häuſer ſind unverwüſtliche
Eichenkäſten mit eingezäunten Riegeln.

stube ist getäfert und gelb oder blau angestrichen. In einer Ecke
befindet sich der Tummelplatz der Buben und der Alten: die goutschə
(Pritsche), an der Wand ein aufgehangener Tisch, unter den um die
ganze Stube laufenden Bänken Tröge und Schublaben zum Aufbewahren
der Werktagskleider (werftighēs). An eine Säule der Bank ist der
ha⁻zīər (Schuhlöffel) und der stīfəlbund mittelst eines Kettelchens
befestigt. Eine große metallene Stubenuhr pikt melancholisch in ihrem
gewaltigen Kasten (uhrəheislẽ⁻), während ein an den Perpendikel (bër-
mɔdikl) befestigter Hanswurst oder Holzsäger im Takt Grimassen macht.
Vielfach stecken die Löffel und Gabeln der Dienstboten in dem Täfer
der Wand oder der Decke (bi⁻ni⁻). Ein Fensterchen mit Vorhang befindet sich zwischen Stube und Küche. Die handzwēl hängt an der
Stubenthür, wie das weihkriəglẽ⁻ am rechten Thürpfosten, wenn man
in die Stube tritt. Neben der Stube, jedoch auf derselben Seite des
Hausganges liegt die Stubenkammer, in welcher der Bauer im Winter
oder seine Kinder das ganze Jahr über schlafen, während die der Stubenthür gegenüber liegende Thüre vom Hausgang in eine Kammer führt,
welche als Knechts- oder Pferdegeschirr-Kammer dient. Im oberen
Stock gehen vom Läuble, d. h. dem oberen Gang aus, Thüren in eine
obere Stube, die meistens über der Wohnstube liegt und dem Bauer
als eigentlichstes Allerheiliges dient, wo er schläft und seine schönen
Sachen aufbewahrt an Gold, Silber, Glas, Porzellan, Zinn und man-
cherlei schönen taflə, d. h. eingerahmten Heiligenbildern. Von dieser
Kammer aus führt eine Thüre in weitere zwei bis drei in einander
gehende Kammern, in welchen die Bäuerin ihren Reichthum an Betten,
Federn, Werg, Hanf, Löden und Schnellern aufspeichert. Natürlich fehlen
auch die Schmalzspunden nicht. Vom Läuble aus führen dann noch
weitere Thüren in Geschirr-, Leder-, Eisen-, Werg-, Mägde-, Buben-
u. s. w. Kammern; ferner in's heislẽ⁻ (latrina), und eine eingetäferte
Stiege auf die laubənə, d. h. Kornböden. Auf den Lauben, deren es
zwei, bisweilen drei übereinander sind, liegen oft kolossale Fruchtvor-
räthe aufgespeichert. Daher man vom Glück zu sagen pflegt, daß es
dem zum Laubenladen hineinfliege, den es suche. Ueber die Stallungen,
Schöpfe, Brießhäuslein u. dgl. kann ich mich nicht weiter auslassen.

Sitten und Gebräuche. Fruchtbarkeit. Lebensalter.

Was Tracht, Sitten und Gebräuche in Schwaben anbetrifft, so
muß ich auf das von Dr. Birlinger und im ersten Band auch von
dem Verfasser dieses herausgegebene „Volksthümliches aus Schwaben",
Freiburg bei Herder, 1861, hinweisen. Ich kann nur die für die
Volksmedizin wichtige Seite der Lebensweise herausheben. Wie der
Niederschwabe genügsam im Essen ist, so ist der Oberschwabe ein über-
triebener Esser. Der Unterländer schützt sich gegen die Einflüsse von
Wind und Wetter nicht so, wie der Oberländer, was von dessen Armuth

ober Einfachheit herkommen mag; dagegen hüllt sich der Oberschwabe gleich in seinen Mantel und in seine Pelzkappe, oder wenn er „über Feld" zu gehen hat, spannt er seinen „Gaul" ein und fährt in seinem Berner=wägele, oder wenn er hoffährtig ist, in einem modernen Chaischen mit Neusilbergarnitur und flotten Laternen dran. Obgleich der Ober=schwabe alles Unwetter gut ertragen kann, so hat ihn seine Wohlhaben=heit doch bequem gemacht, er hat seine Handschuhe, seinen Schlips, sein wollenes Unterwamms, seine Unterhosen, seine Pelzkappe mit aura=läpplo oder seine Fuchskappe mit dem hinten hinabhangenden Schwanz, seine Winterbossen und derlei mehr. Ja nicht wenige „lateinische" Bauern tragen sich wie Residenzstädtler. Gesundheitsschädliche Bräuche, die auf stammeseigener Gewohnheit beruhten, gibt es mit Ausnahme derer in Baccho, die in Venere doch wohl nicht allgemeiner als unter anderen Stämmen, wenngleich die castitas der Schwäbinnen in den Liedern des Mittelalters Gegenstand des Spottes ist. Richtig ist aller=dings so viel, daß in manchen Oberämtern die Zahl der Geburten gegenüber den statistischen Zahlen anderer Länder in der That zum Verwundern hoch ist; aber man kann hieraus zunächst doch wohl auf nichts anderes, als eine große Fruchtbarkeit des schwäbischen Volks=stammes schließen. Ohne Zweifel verursacht die große Anzahl von Geburten die hohe Zahl der Sterbfälle in Schwaben, da bei der be=sonders in Oberschwaben auffallend großen Kindersterblichkeit die hohen Ziffern der Statistik der Kindersterblichkeit zuzuschreiben sind. Ursache derselben ist die unzweckmäßige, naturwidrige, künstliche Auffütterung der Kinder, da fast in ganz Oberschwaben die Unsitte herrscht, den Neugeborenen die Muttermilch zu versagen. Wo die alten Hebammen, welche die Haupturheberinnen dieser mörderischen Kindererernährung sind, den Wahn hergenommen haben, daß die Weiber, welche ihre Kinder selbst stillen, an der Schwindsucht zu Grunde gehen und vor der Zeit „de lack" lassen, d. h. häßlich werden, ist mir unbekannt. Eine wei=tere und nicht zu unterschätzende Ursache der großen Kindersterblichkeit ist die große Vernachlässigung der Pflege der weiblichen Brust. Anstatt sich einer wohlgeformten Brust zu freuen, verkümmern unsere Land=weiber dieses Organ durch enge Kleider, Mieder u. s. w. zu völliger Unbrauchbarkeit, will man nachher Kinder trinken lassen, so vermögen es die Geschöpfchen nicht, weil blos ein elendes Bruchstück von einer weiblichen Brustwarze vorhanden ist. Nun füttert sie der Unverstand von der ersten Stunde an gleich mit Mehlbrei u. dgl. Wenn dieser menschenmörderischen Dummheit nicht von der Kanzel herab Einhalt gethan wird, werden alle Bemühungen der Sanitätsbehörden rein um=sonst und ihre Verordnungen in alle Ewigkeit nur auf dem Papier stehen; denn alle praktischen Aerzte werden gefunden haben, daß sie mit all ihrem Eifer für eine menschenwürdige Behandlung der Neuge=borenen immer nur Eulen nach Athen getragen haben; unser Volk läßt sich in seiner Hartköpfigkeit höchstens durch den Machtspruch der Geist=lichkeit von einmal angenommenen Meinungen abbringen. Uebrigens ist die große Sterblichkeit in den Donauoberämtern theilweise auch den atmosphärischen Verhältnissen zuzuschreiben, da in den Donauthalorten ungleich mehr Erkrankungen vorkommen, als in höher gelegenen Ortschaften. Nichts desto weniger haben aber gerade jene Bezirke relativ am meisten alte Leute. Sei es nun, daß die meisten, welche keine sehr gute Gesundheit besaßen, in früher Jugend starben, oder sei es, daß die Verhältnisse überhaupt dazu angethan sind, die Gesundheit der Greise weniger zu behelligen, als die der mittelalterlichen Jugend und Bevölkerung. Leute mit 80—90 Jahren, die beinahe alle Feldarbeiten mitmachen, sind in Oberschwaben nicht selten. Ich kann mich auf detaillirtere Angaben nicht einlassen, da ich zunächst keine Sanitäts- und Salubritätsstatistik von Schwaben zu geben habe. Nur auf den Umstand möchte ich hier noch aufmerksam machen, daß die jetzige Generation beim Anblick der massenhaften Todesfälle unter ihren Altersgenossen und im Hinblick auf die einzelnen uralten Ueberbleibsel früherer Generationen sich häufig zu dem irrigen Schluß verleiten läßt, als ob die Leute jetzt nicht mehr so alt werden wie früher, da nicht bedacht wird, daß wir nur die wenigen Ueberlebenden früherer Geschlechter als die Alten vor uns haben, und daß es auch einzelnen wenigen unter uns beschieden sein wird, ein hohes Alter zu erreichen, während gerade wie in den früheren Generationen die große Masse in verhältnißmäßig jungen Jahren stirbt.

Volksthümliche Bezeichnung der Körpertheile, ihrer Verrichtungen, der Krankheiten und ihrer Deutung.

Daß die natürliche Derbheit des Volksausdruckes nicht mit dem Maßstabe des modernen Schicklichkeitsgefühles gemessen werden darf, wird man mir wohl einhellig zugeben. Ist schon die Bezeichnung der alleranständigsten Körpertheile, z. B. des Mundes, nach den Begriffen unserer modernen Bildung eine grobe, da der Schwabe niemals Mund, sondern immer moul sagt, um wie viel derber mag dem Landfremden die schwäbische Bezeichnung von Dingen und Verrichtungen vorkommen, die unsere Schriftsprache mit allerlei Redensarten verblümt. Will ich aber das Volk mit photographischer Treue wiedergeben, so darf ich auch vor Konturen nicht zurückbeben, die an die äußersten Grenzen des Schicklichen streifen.

Das Aeußere des Menschen.

Die Leute werden eingetheilt in: manndsnăˉmə und frauˉnăˉmə, die Mannsnamen in: buə und maˉ. Bube ist jeder Unverheirathete (auch ledigər, jung=, alt=lediger) und wenn er 70 Jahre alt ist; maˉ ist jeder Verheirathete, und wenn er „kaum hinter den Ohren trocken", d. i. mannbar ist. Die Fraunamen (Weibsbilder, spöttisch schöəfə genannt) werden in mädlə und weibr eingetheilt. mädleˉ ist jede Unverheirathete, weib jede Verheirathete. Eine alte Jungfer von 60

Jahren ist „halt auch ein mädle˘." Ein junges Mädchen redet man höflich mit: ju˘mpfr an. he! jumpfərle˘ odr wâsər se˘nd!

Der Gestalt nach unterscheidet man grauss, gle˘i˘, gstumpet, u˘ntrsetzt, oufgschossə; lange˘trô˘mər, bodərîslə, fâisste˘ und ra˘e˘, dickbantle˘ und dirre˘ spëoltə hërrgett (wo mit de˘ŝtârə fliəgə ke˘nte˘t) u. dgl. Kleine und dicke Leute nennt man auch: mobbr, bambbr, bantlo˘, wantle˘ ꝛc. Der Gangart und Haltung nach spricht man von untrwâse˘ne˘, vrhuckte˘, buckəle˘te˘, gru˘mme˘, o˘i˘ghiftəgə˘, grattlər, grittər (Gespreiztbeinige), weitlâisəgə˘, englâisəgə˘, schnaiwattər, knuischnabbər, daxlər, knuiwetzər, fidləschuckər, grachchər, wattle˘, juckərlə, fuəsswetzər, mâdər, absatzlaufər, hëlschleichr, hobbassə u. s. w., Bezeichnungen, in welchen der Volkswitz unerschöpflich ist. Die Beobachtungs= und Nachahmungsgabe für solche Dinge ist oft bewunderungswürdig, und so wenig vom sittlichen Standpunkt aus die Nachäffung eines bresthaften Menschen zu billigen ist, so unwiderstehlich reizen oft die Leistungen gewisser „Fopper" zum unauslöschlichen Gelächter.

Einzelne Körpertheile.

1. **K o p f.** Der Kopf, nur spöttlich „Haupt oder Grind" genannt, wird in seinen ungewöhnlichen Formen als: dickkopf, hümmələrkopf (bombus), zwëərkopf, ŝbitzkopf, voglkepflə˘, schlangəgrind, wulle˘kopf, ŝtroblkopf, taudtəkepflə˘, môrəkepflə˘, gôle˘kopf bezeichnet. Große Köpfe gelten für lebendige Zeichen der Dummheit und man pflegt scherzhaft zu fragen: kërrle˘, hâst grisch (sëəgmöəl, briəz, hächələglotzə) im hiərə? Den Scheitel nennt man: wirbl, den Schädel: hirnschâl, die Wange: dr backə, den Mund: s.moul, die Nase: d.ne˘s, d.nâsə, letztere erfreut sich verschiedener Witzbezeichnungen, als: ramsnâ˘sə (Schafnase), hâpə (Adlernase), blunzə, kumpf (plumpe, dicke Nase), zi˘nggə (lange, spitze Nase); diŝtəliərkolbə ist endlich eine ewig träufelnde Nase.

Sinne des Kopfes. Der Schwabe hat keine Bezeichnung für den Geruchssinn, riechen und schmecken heißt er einfach: schmeckə. gschmackt ist die Empfindung eines riechenden, wie eines schmeckenden Dinges. schmeckə heißt dem Schwaben riechen, stinken, wohlriechen, winden, wittern, einen Geruch von sich geben, kurz es ist ein vieldeutiges Wort. diə raus schmeckt guət. dês âs schmeckt âbr! i schmeck menschəflâisch. schmeckst əbâr exle? gschmeckts gropfədər? Der Geschmack einer Sache wird mit dem Wort gû bezeichnet. Z. B.: dês gsëlz hât jetz au ən nâdləchə gû. Die Funktion der Augen ist: guckə oder luəgə. Gestaltsbezeichnungen derselben sind: bollaugə, souaiglə, bocksaugə, salzbixlə, trielaugə. Der Blick ist: fuiri˘g, gnitz, ko˘i˘zi˘g, bais, zwëər u. s. w. Schielen nennt man schillə, die Augenbutter: matzə oder butzə. — Die Ohren

(aurə) werden, wenn sie klappenartig vom Kopf abstehen, schlattaurə genannt. Uebelhörige werden dollaurig, dausaurig gescholten.
Erläuternde Redensarten: r.hât ən kopf wiə ə viətl. dëər hât ən këəfr (im kopf). dr hât zweit an dr lində ibər geguckət. dëər hât ən nast. dêst ə Wi⁻ənər. dr hât ən leibschâdə untərəm huət. Ein verwirrter Mensch ist: vrgelstərət, vrnistərət, vrdattərət, swirblətəm. Ein Geisteskranker ist: nësch, bitriəbt, bsëəssə, bsinntisch, hindəfïr, ussəm heislə⁻, von əm sëell, dribərtdussə, vrgägələt. — əmə rëəchtə ma⁻ kait au ə rëəchtə⁻ na⁻sə. dëər ist so au⁻gschickt, ëər bricht d.na⁻s im âc⁻genə hindərə n â. bist uff dr na⁻s gloffə? fragt man, wenn Jemand eine rûf auf der Nase sitzen hat. Junge Rotznasen fragt man: bûc hâst ə mädlə⁻ gfrëəssə, dass də d.zöpf so râhc⁻ngst? Beim Anblick eines Kupferhandels: dëər hât sc⁻ au it mit əm ga⁻ o⁻s wo⁻i⁻ v.rsc⁻ə. Einen groben Menschen foppt man mit der Redensart: wëər wëəd jetz au zu əs vattrs riəssəl goschschə sagə? Schmollen = ən lätsch, ə pfannə, râhc⁻nkə. Ein Jammermensch heißt: he⁻i⁻nərich. Von einem starken Schieler pflegt man zu sagen: dëər ma⁻ guckət in na⁻o⁻ häfə z mâl u⁻n no d stiəgə nouf. Von einem Uebelsichtigen sagt man: binott, kërrlə⁻, ma⁻ mo⁻e⁻t, de scie⁻st am a⁻o⁻schling wagə vrschrockə.

Augenkrankheiten: baise⁻ ao⁻gə, seir uff de⁻ ao⁻gə, dr stâər, bledə ao⁻gə, trielao⁻gə, wildə⁻ härlə, fle⁻mmlə (Flecken), wëərə, wërrlə (hordeola), ao⁻gəfëəl.

Ohrenkrankheiten: gschwëər im aur, aurəsbannər, aurəwai, dausaurigkâit.

Nasenkrankheiten: s.gscbnûdr, dschneizədə, ketzle⁻, séir.

Mundkrankheiten: vrsbru⁻ngənə⁻ lëəfzgə, rûfəmoul, schru⁻ntemoul, sbatzəengg d.glufəgiəssə⁻ (Speichelfluß), baiss meilə der Kinder (aphthen), za⁻wai, zungəschlâg. Die Zahn-caries wird der Verheerung eines Wurmes zugeschrieben, den man beim ausgezogenen Zahne deutlich als Würmchen hinabhängen sieht. In Wahrheit ist jenes Würmchen freilich nichts anderes als die Pulpe der Zahnhöhle. Es gibt auch Leute, die, im Glauben, ein ganzes Biß zu haben, sich keinen Zahn ausziehen lassen. Scheinbar verwachsen sind Zahnreihen mit starkem Weinsteinbeschlag oder durch Knochenablagerungen zwischen Zahn und Kiefer in Folge von früherer Entzündung.

Weitaus die meisten Hirn- und Nervenkrankheiten, die sich als Geistesstörungen, Krämpfe, Zuckungen u. s. w. kundgeben, werden als Werke eines bösen Einflusses, sei es der Verhexung, sei es einer directen Teufelei, betrachtet. Für Geistes- und Gemüthsstörungen wird daher häufig keine ärztliche Hilfe nachgesucht, wie man auch in andern der sympathetischen Heilung vorbehaltenen Krankheiten, als: Unterwachs, Herzgesperr, Heiligenweh, Fallsucht, Gliedersucht, Gelbsucht, englischer Krankheit u. s. f. ärztliche Hilfe für nutzlos hält. Die Gefahr, in des Teufels Gewalt zu kommen, ist gar groß, kann sich Hans Satan doch mit dem unscheinbarsten Gegenstand, mit einer

Schmelle, die man als Zahnstocher benützt, mit dem unbesegneten Trink=
wasser u. s. w. in den Menschenleib begeben. Immer braucht er einen
Träger, der ihn in des Menschen Inneres bringt. In gewaltigen
Schrecken versetzen Geisteskranke, die sich als Besessene gebärden, unter
diesen die wiederum am meisten, welche in verschiedenen Stimmarten
sprechen, Sprachproben aus fremden Zungen zum Besten geben, durch
Unflätigkeit, Gotteslästern und Zotenreißen sich am meisten auszeichnen.
An berühmten Wallfahrtsorten sieht man dergleichen öfters, noch öfter
freilich in Irrenanstalten. Wer die Art und die Menge der Hilfe=
suchenden bei Gnadenorten genauer gemustert hat, wird einen eigenen
Eindruck über die Volksnatur mit heimnehmen. Die dämonische Auf=
fassung solcher Krankheiten von einer Anzahl erregter Menschen an einem
erregenden Orte wirkt geradezu ansteckend, man möchte sagen, die Luft
dieser Orte sei mit einem dämonischen Fluidum geschwängert; erst daheim
in der nüchternen Alltäglichkeit vergeht der Erregungsrausch. Man kann
in der genannten Atmosphäre Erstaunliches hören, mitempfinden und
sich mitfortreißen lassen von den treibenden Massen einer zügellos ge=
wordenen Phantasie. Die Besessenen, welche sich an solchen Orten
finden, benehmen sich je nach ihrer Bildungsstufe verschieden, denn der
Teufel ist nicht gescheidter und nicht boshafter als der Mann, welchen
er in Besitz genommen. — Nicht selten nehmen Laien Exorcismen vor,
sie pflegen ihn in eine Krause (Krug), in ein „Gütterle", in ein Ge=
täfer, in einen Balken, in ein Ried, in eine Waldräuhe hineinzuschwö=
ren, wo er weiter keinen Schaden stiften kann. Der Hergang bei sol=
chen Exorcismen ist gewöhnlich der: Der Teufelsbanner verklebt mit
geweihtem Taig erst alle Fenster=, Thür=, Bodenritzen (glück und glemmsə)
und umschreibt dann unter Gebeten die besessene Person mit geweihter
Kreide, jetzt verlegt sich Diabolus aufs Bittstellern, aber der uner=
bittliche Hexenmeister treibt den Lügenvater, aller flehentlichen Bitten,
Drohungen, Versprechungen und Wehklagen ungeachtet, in das Gütterle,
setzt dann hurtig einen geweihten Stöpsel drauf, und trägt nun den ge=
fangenen Belzebub wohin er will. Zuweilen sucht sich dieser noch durch
gewaltiges Schwermachen zu sträuben, aber auch diese Störrigkeit wird
ihm mit Weihwedel und heiligem Rauch gründlich verleidet. Man
nimmt an, daß alle fortdauernd Schwermüthigen, dīsigə~, hintərdenk=
lᴇ˜chə~, stiərschwᴇ˜nzə˜gə~, mit grᴇ˜mpf und dᴇ˜mpf bhafte Per=
sonen vergelstert seien. Was unmittelbar vom Teufel besessen ist, das
kann den Kopf wenden und drehen wie ein Vogel, die Zunge bis an
den Bauchnabel herausrecken, an den Wänden emporlaufen, auf der
Decke herum kriechen wie Fliegen, und derlei Kunststücke mehr.

Ein sehr schmerzhaftes, nervöses Kopfweh läuft unter dem Namen
hålgəwai oder gschoss. Die Kur dieser Krankheit wird weiter unten
angegeben werden. Die Epilepsie, Fallsucht, wird falligswai, waidåg,
waiə schlechtweg genannt. Der Schwindel heißt schwäbisch: trᴇ˜mml,
s is mr ganz trᴇ˜mmlə˜g, wirblə˜g, sgumpət o˜nd houət mər im
kopf. Delirien heißen bei Kindern: d.gichtr, bei Erwachsenen: fan-

ta͠sfə. Ein hypochondrischer Mensch ist grǣ͠g, a͠oro͠e͠, ə sondərsiach. Ein Blödsinniger heißt: se͠mpl, zàg, dralle͠, it rēacht bacchə. Ein Ueberspannter: haəbl, giəbl, fûchtlhans, fasəlhans.

Der Starrkrampf heißt hundskrampf, die wasserscheuen Leute (hydrophobici) wiətige͠ leit. Von dunkeln Zuständen im Kopfe, die sich mit Zeichen der Aufregung oder der Niedergeschlagenheit äußern, redet man in den Phrasen: r.hât gēəl wassr im hirn, r.hât en kēəfr, n' wûrm, ə gwäx im hiərə. Lähmungszustände leitet man auch ab von einem hirnschlag, schlag (apoplexie), wobei man sich vorstellt, daß in der hohlen Hirnschale 3 Tropfen hängen, zwei seitlich, einer in der Mitte; stürzt ein seitlicher von der Schädeldecke herab, dann ist die eine oder andere Seite des Körpers gelähmt; fällt der mittlere Tropfen auf den Schädelgrund, dann ist der Mensch mousdaud; ferner leitet man sie ab von einer nervəschwei͠ne͠ oder schwein͠ing, von ruckəmarktschwei͠ne͠, ruckəmarktsdarre͠. Zuckungen der Augenbrauen und Augendeckel, wie man sie als üble Gewohnheit oder Krankheit der entsprechenden Bewegungsnerven häufig sieht, nennt man s.ble͠nzlə; finden die Zuckungen in den Gesichtsmuskeln statt, so „wēottərlaicht" das Antlitz.

Anlangend die äußere Bedeckung des Schädels, so sind von den Haar- und Hautkrankheiten zu nennen: d.schûəpələ (tineae), deren Vorhandensein auf Kindsköpfen als Zeichen der Gesundheit der Kleinen betrachtet wird. Ich möchte keinem jungen Arzte, der eine Weiberpraxis erwerben will, anrathen, diese Schuppenschichten als Dreck zu bezeichnen und auf dessen Wegschaffung mittelst Seife und Wasser zu bringen. Denn der Dreck, der ist sehr gesund. Sagt nicht das Sprichwort: drĕck macht fàisst, wēərs it wàisst? Und vollends so etwas naß machen wollen! Man rathe ja nie einem Weibe, das an Kopfweh, Schwindel u. s. w. leidet, den Kopf zu waschen, die Haare zu kämmen, überhaupt ein Haar naß zu machen, denn damit gibt man sich das Zeugniß, daß man von den Krankheiten gar nichts versteht. „Wissen Sie denn nicht, daß ich nichts nasses leiden kann, daß mein Kopf ganz flüssig ist, daß mir seit meiner ersten Kindbett ein Fluß in den Beinern sitzt!" u. s. w. Salben und Pflaster, je schmieriger um so angenehmer; Salben und Pflaster machen einen Weiberdoktor, denn schmerrbə o͠nd salbə hilft allothalbə, hilfts it bei de͠ kärrə, so hilfts doch bei de͠ hērrə. Die Insassen der Borkenköpfe (rûfəkepf), die léis und niss gelten nicht weniger für ein Zeichen der Gesundheit des Besitzers, als die Schuppengrinde. de͠ lousige͠ sind de͠ gse͠nde͠ste͠. dui ist gse͠ndr ass d.lousmottr. Eine Glatze heißt bläss oder bläss, ein Glatzkopf mit Anspielung auf St. Peter: Blasspeter. Der Haarwurm (eczema capitis et faciei) wird nur durch sympathetische Kuren entfernt, sein Kamerad, der ärəs (impetigo larvalis) weicht denselben Mitteln. Der Staubgrind (pityriasis) oder die drucke͠ roudt, der wēəflegrind wird selten von andern Krankheitsformen des Kopfüberzugs unterschieden, da man gewöhnlich mit dem

Sammelnamen baiər kopf alle erdenklichen Ausschläge am Kopf und im Gesicht zusammenzufassen pflegt. — Der Schnuppen (gschnûdər) gehört nach der Volksansicht auch zu den inneren Kopfkrankheiten, da der Rotz als Absonderung (Abreinigung) des Gehirns betrachtet wird. Auch Satanas scheint sich in alten Zeiten der Volksanschauung angeschlossen zu haben. Ich lese in der Aulendorfer Legende (Incunabel) Fol. 165ᵇ im Leben der hl. Klara: Do sprach der bös geist (zu St. Clara): du solt nit als vil weinen das dir dein hiren icht zerfliess vnd das du es icht zů der nasen auss ziehest do von gewinnest du ein krumme nasen.

2. **Hals.** Die Kröpfe sind in Oberschwaben unbekannt, man nennt sie scherzweise Tylorerwirtel. Eine fette Kehle heißt schlechtweg këalle; die Zunge lällə, wenn sie sehr groß ist; der Nacken ankə. s ist əm wêlər ass dr lous im ankə. Anginen schwächeren Grades laufen unter dem Namen: grummr hals. Hälse hat der Schwabe zwei. Einen sonntighals und einen werftighals. Kommt etwas in die Luftröhre, anstatt durch den Schlund in die Speiseröhre, so heißt es: s ist dr jəəbbəs in sontighals, a˜o˜ rëəchtə hals kommə. Die Carotiden nennt man: luftådərə, das pomum Adami: də gurglgnopf.

3. **Brust und Rumpf.** Die Brust heißt schamhaft: s.hëəz; die Brustwarzen nennt man duttə oder dittlə. Die Weiberbrust heißt einfach auch hëəz, roh s.gmilk. Der thorax wird als hëəzkastə bezeichnet, z. B.: r håt də hëəzkaste ei˜gfalla. Rippen hat der Mann sieben, das Weib acht, natürlich, weil unser Herrgott dem Adam eine Rippe herausgenommen, um Eva s.aist ripp daraus zu schaffen. Das Schlüsselbein nennen wir: halsring, die Schulter: åsl, den Rückgrat: s ruckəbo˜e˜, die Dornfortsätze: s.nustr, das Becken: s.schloss, den Bauchnabel: s.näbele˜, bounëbe˜lc˜, s.gnopflc˜.

4. **Genitalien.** gmëcht (Vocabuler. optim ed. Wackernagel, inguen: gemeht). Weibbrüche (hernien) nennt man leibschadə. Der Schwabe ist mit diesen Leiden verschämter als man anderswo mit den Franzosen ist. Die pudenda laufen unter den neutris: s.zuig, s.gschäft, s.werk, s.ding; neu ist: d.a˜sstalt. (Die angeführte legende fol. 119ᵇ auf der St. Jakobsfahrt: die sünd wirt dir nit vergeben du schneidest dann dir selber dein gemecht ab. vnd do der man des nachtes mit sein gesellen an die herberg kam do schneid er im selber sein ding ab.) Penis: nägele, ro˜mnägele, rairle˜, brunzərle˜, schnëbbərle˜, gûs; testes: sto˜c˜, schëolla; Collactivum für mulier und für cunnus ist das Wort: schëof; im übrigen gelten noch die Bezeichnungen des vocabularius optimus von Basel; clitoris = simbrdî, fritz ɾc.

5. **Gliedmaßen.** ărm. Die Beugeseite der Gelenke heißt: gådr; die Gelenke: glåe˜ch oder gwëarb; die Knochen der Extremitäten: raurbo˜e˜; die Ausrenkung derselben: ouskeglə. Der Schwabe kennt die Bezeichnung Beine für femora et crura nicht, Beine, Beiner (bo˜e˜nər) sind ihm Knochen überhaupt, die Beine nennt er schlecht-

weg: fiəs, den Fußrücken reiə, die Knöchel gnôdə, die Knorpel gnaisbl, grusbl.

Der Schwabe lauft, er geht nicht; er lauft aber nicht, sondern er springt; wo der Hochdeutsche springt, da juckt er, und wo es endlich den Schriftdeutschen juckt, da „beißt" es ihn.

6. **Eingeweide.** (inngschlĕcht.) Das Darmrohr in seinen verschiedenen Abtheilungen heißt schlechtweg: s kuttləwĕərk, dr kuttləsack, s därmwerk. Die Lunge heißt: lunkə, die Leber: s glibr, die Milz: s gmilz, die Nieren: d.niərlo, das Getröse: s greisch, die Harnblase: d.blåtr, d.wassrblåtr, die Eierstöcke: d.rausə, die Gebärmutter: d.mûətər; mottr. Den Raum zwischen den Oberschenkeln nennt man: d.grittə, də-n ĕəttr, s.hêflc͞, s.heislc͞. (Aulenb. Leg., Fol. 52ᵇ: vnd was das kind (sunt marcialis) das vnser herr in sin höflin gestellet het vnd sein hant auf es leget vnd sprach: es sey dan das ir werdent als das kind —.)

Der Leib wird im Scherz und im Lied oft mit einem Bauernhaus, mit einer Mühle, mit einem Fäßchen verglichen. Letztern Vergleich liebte auch Diabolus: Aulenb. Leg., Fol. 66: do sprach der veind einesmals auss im: mich mag niemand vertreiben auss disem vesslin.

Anstatt athmen sagt man: schnoufə, statt seufzen: ən hêtə la͞-o͞, statt weinen: ha͞-c͞-nə, statt kauen: kuiə, statt wiederkauen: daibə (daher der Spitzname: daibər). Der Speichel heißt: gspui, gåe͞-fr, gspåe͞-zl. Ist der Magen leer und er knurrt, dann sagt man: r.suəcht. Die Verdauungsarbeit des Magens stellt man sich als die zusammengesetzte Thätigkeit zweier Mühlsteine und eines Kochhafens vor. Der Magen ist gleichsam der Obergeneral aller Thätigkeiten im menschlichen Körper. So lange der also verdaut, so lange der Mensch essen mag, hält man ihn auch nicht für krank. Nur wenn es allzu lange mit dem guten Appetit fort und mit der Kraft zurückgeht, ahnt man, daß Patient ein „Zehrer" sein könnte, der trotz des vielen „Einzehrens" auszehre". Vom Magen kommt Schwindel und Kopfweh, denn die Dämpfe des kochenden Magens steigen in das Gehirn, sind sie guter Beschaffenheit, so stärken sie das Hirn, sind sie übler Natur, dann geht das „Kopfverstricken" los. Von einem guten Magen sagt man, daß er Roßnägel verbaue, ein schlechter täuscht vor, als liege nach dem Essen ein Kiesel im Magen. Thut er seine Schuldigkeit nicht, so wird er mit Gewürzen, namentlich mit Pfeffer, Ingwer, Kalmus, Nägeleingewürze, Piement, Wachholderbeeren oder einem alten „Kriesenwasser" an seine Arbeit gemahnt. Der Darmkanal ist weiter nicht näher bekannt, man weiß nur von großen und kleinen Därmen, letztere gelten für wichtiger. Das Kollern im Darm nennt man: gûdərə, die Fiste: bläst, fiz. Die Defäcation hat noch in allen alten Bauernhäusern die klassische Bezeichnung, welche man im Scheller neben cacare lesen kann. Euphemistisch drückt man sich bisweilen in der Nähe eines Hairles oder eines Herrn weltlichen Berufs aus:. schimpərlə, bimpərlə, bäbälə, über d.hôsə

ga~o~, ufs héisle ga~o~. Wer Soldat war, sagt ordonnanzmäßig:
austrëottə. Brunzen = s.wassər âschlâ. coire = buijäglə, vöglə;
übrigens drückt man sich, wenn's doch genannt werden soll, am liebsten
mit dem Daumen aus, der sich zwischen die gebogenen Zeige- und
Mittelfinger legt. géitwûrmə = crissare, cevêre. semen = Na=
tur ꝛc. sgriəs = Harnsand. Da das Volk trotz der Eierstöcke des
Weibes doch nichts von Menscheneiern weiß, so entsteht natürlich die
Leibesfrucht nur aus der beiderseitigen Natur, und wenn einem Manne
Zwillinge geboren werden, so läßt er sich im Gefühl seiner Mannes=
tüchtigkeit gerne necken, daß er „eben so tüchtig wie fleißig gewesen".
Je größer die Aufregung, desto größer die Aussicht auf einen Buben;
dabei gibt es nun allerlei, vielleicht aus alter Zeit stammende Maß=
regeln, welche ich hier verschweigen muß.

Einer schwangeren Frau soll man keine Bitte um etwas Essiges
abschlagen, sonst bekommt das Kind keine Nase oder einen Wolfsrachen.

Obwohl der Mensch jeden Vergleich mit einem Thiere im Gefühl
seiner Oberherrlichkeit von ferne ablehnt, so weiß er doch von der außer=
ordentlichen Aehnlichkeit des Inneren seines Körpers mit dem des
Schweines zu erzählen. (Vrgl. Vth. I. S. 122.)

Die Krankheiten sind ihrer Natur nach: hitzige oder kalte,
oder Suchten. Suchten nennt man aber neben chronisch verlaufenden
Krankheiten, wie Schwindsucht ꝛc. auch epidemisch auftretende Krank=
heiten wie Ruhr, Diarrhöen, Masern ꝛc., und man braucht keinen Arzt,
weil man die Sache damit entschuldigt, daß man sagt: ô ſ ha~o~ nu~
so ə lumpəsücht, ĭ ha~o~ nu~ diə schéisskrankət ꝛc. Unter erblichen
Krankheiten versteht man immer eine Krankheit, welche per contagio=
nem ansteckt. Daher die Furcht vor einem Krebskranken, da der Krebs
(„Gott bhüt üs dervor" setzt der Schwabe immer bei) eine „erbliche"
Krankheit ist, freilich nur in dem Sinn, daß er sich von den Eltern
auf die Kinder vererbt. Alte langwierig verlaufende Leiden sind: alte~
brëstə. Ist ein Kranker sehr schwach, z. B. ein Weib, dann sagt es:
gëlte~t, herr doctər, i bi~ au ə liodə~rlës mensch? Krüppel werden
auch kôgə geheißen, daher Kogenflicker für Wunderdoctor. Siech ist
das zweite Schimpfwort für Oberschwaben; ist beim Niederschwaben:
kôtz blitz! das Leitwort, dann ist's beim Oberschwaben: du siəch!
Wer mit dem Keim einer Krankheit lange umgeht, hät schau~ läng en
butzə, en mackə, en glîb im Leib gehabt. Im Allgäu nennt man
jedes Leiden schlechthin: waihtag. Ein Schmerz, dessen Ursache nicht
näher ermittelt werden kann, ist dort ein waihdâg, bei den mittleren
Schwaben aber immer ə fluss. Alte Schäden an Sehnen, Knochen,
Gelenken und Muskeln nennt man: halt alte~ vərbâizingə und vər=
bêlingə. Verböhlen = aufschwellen; verbeizen = verharten, verwachsen;
letzteres wird oft auch mit vermäsərə ausgedrückt. Jede Wunde, alles
was wehe thut, ist: ə waihle, bei den Kindern: ə bïbbîle oder ochele.
Von einem Menschen, dem es überall fehlt, sagt man: gang, wâisch,
du bist dr Rochəs mit əm waihle~.

7. **Auſſchlagsformen**, welche an verſchiedenen Körperſtellen vorkommen können und beſondere Namen haben: sèirleˉ (vesicula) oder séir, ſpaniſche seir (pustula maligna), dr kotz (pustula), kötzle, blåtər (vesica), bläterleˉ, bíbbəleˉ oder bébbəleˉ (papula), dr dupf (macula), blattə, Platte, dùrschlëcht (variola, vocab. opt. durslaht), bäggər, knüpfəl, knopf, knoupə, knaussə, knoutzə, beuzəl, burrə bedeutet alles Geſchwulſt. gschwëər = Abſceß. widərgend = angeſchwollene Lymphdrüſen (voc. opt. glandula widergend uel druoss). Ein großer Abſceß heißt: abbəsteˉ (apostema im voc. opt. swēr). Das Diminutiv gschwëərle, blutschwëər heißt eine gewiſſe Art von Furunkeln. blutåissə (carbunculus); åiss oder åisseˉ (furunculus. voc opt. ulcus eiss), åitərhous oder åitərhéisle heißt der Zellgewebspfropf in dem Furunkel. salzfluss = eczema, roud iſt jeder Ausſchlag mit trockener oder naſſer Hautabſchülferung, beſonders borkiger. rûf iſt die trockene Borke jeder Wunde oder offen geweſenen Stelle. wilde dùrschlëht wird bisweilen die Neſſelſucht genannt. Die Gelenkkapſelanſchwellungen, welche die Chirurgen Ganglien nennen, heißt man: ïbərboˉi. Die wirklichen Ueberbeine gelten für gwichene boˉinər. Das Produkt der Eiterung nennt man: materiˉ. Was recht eckelhaft ausſieht, ſieht aus: wiə loutər spitålərrotz und siəchə materiˉ so wfåȥt. s.wässerleˉ oder d.schərpfé iſt jede Flüſſigkeit, die aus einem Geſchwür oder einer Wunde laüft. Die synovia heißt glidwassər, fürs glidwassər könnət d.döctər it. Eiter mit Blut vermiſcht heißt verbreˉnts, ågstandes bluot.

Ein **Patient kann ſein in Bezug auf Schmerzäußerungen**: hilzeˉ, hêt, hagəbfəcheˉ, zäh, wiˉddirr. Ein altes Weib, das nicht ſterben will: håt neˉi héit. Weitere Gebreſten ſind: leˉndəlahm, kréizlahm, lahmåschig. cui alvus sua sponte fluit heißt: hennə fidlə. Schmerzensqualitäten ſind: schmîəzə, zockə, reiſſə, beiſſə, lotschə, surrə, grüblə, wûslə, gléibə, kleˉmmə, schabə, raṣplə, gluzgə ꝛc. s ṣtëəchə bedeutet immer Seitenſtechen.

huəstə, hirxə = anſtrengend hüſteln. hirxər = einer, der ſo huſtet oder beſſen sputum. Der Auswurf heißt auch: koudər, schlampə. kurrlə (quirlen), richlə ſind. Ausdrücke für Schleimraſſeln. schnoufə wiə ə gaˉoˉsər = ſchwer athmen. Im Bauch hohlələts, houəts, gûdorəts, rumpləts, hiˉəchts, gumpəts (= ſchwappen). auˉnéglə iſt das Surren in den Fingerſpitzen nach dem Schneeballen. s.fuir schlêt am zum gſícht rous (er hat Fieber). jaẓt iſt Fieberhitze. kotzə, spéia (vomere), ibərgeˉə. brëəche bedeutet immer, daß es nach unten zu bricht. ə brëchmittəl iſt ein Laxier. deˉmmə bedeutet lindern, dr schnaps deˉmmt s grimmə und dårmgſcht. griṣtiər = clysier. knappə, lottərlə, nottlə, dr hëərdaxə = gebrechlich einhergehen; u. dgl. m.

Wächst ein Kind „um's Verkennen" langſam, dann ſagt man: maˉ håt əm on knopf gmacht, s wëst hindərṣeˉ wiə ə kuəhschwanz. Fängt es aber plötzlich raſch zu wachſen (driə, griˉənə) an, dann heißt es: jetz iȥ dr gnopf oufgangə. (Vth. I. 489.)

Man hört vielfältig sagen: der und der Mensch hat eine Krott, eine Schlang, eine Eggaiß, eine Maus, einen Frosch, einen Blindschleicher im Leib. Man bekommt solche Sachen in den Leib, wenn man von ungefähr „das Laich von solchen Thieren" mit dem Trinkwasser erwischt. Ich habe mehrere solche Leute mit Fröschen, die man quacken hört, untersucht, die meisten litten an organischen Herzfehlern (Verwachsungen); der Schrei, welchen man allerdings deutlich hört und der mit einem Lurchlaut Aehnlichkeit hat, geht immer synchronisch mit dem Herz- oder Pulsschlag. Ein Weib, welches eine Katze im Leib fühlt, leidet wohl an derselben perversen Empfindung (Gefühlsanomalie), welche früher die Leute glauben machen mochte, sie seien versipelles (Wehrwölfe). Der Glaube an Wehrwölfe existirt jetzt nicht mehr; in den Königseggischen Hexenprozeßacten (1663—90) figuriren mehrere Wehrwölfinnen, welche nach ihrer Angabe in eine Wolfshaut, die ihnen der Teufel brachte, schloffen, Schafe anfielen (besonders gern in der Wolfshalde bei Frohnhofen), sich mit Wölfen geschlechtlich vermischten ꝛc. Seitdem es keine Wölfe mehr gibt (etwa 100 Jahre), gibt es auch keine Wehrwölfe mehr.

Mauserungen.

I. Unter den Säften des Menschenkörpers spielt das Blut als Träger des Lebens die Hauptrolle. Wiewohl über den Blutumlauf sehr unbestimmte Vorstellungen herrschen und sich die meisten Leute diesen Saft ungefähr so vertheilt denken, wie den Aepfelsaft im Apfel, so weiß man doch, daß Störungen im Blutlauf Krankheiten verursachen. Nichtsdestoweniger unterschätzt man die Wichtigkeit des Blutes für das Leben. Man glaubt, daß ein Mensch, dem das Blut „bestanden" (in's Stocken gerathen oder geronnen), dessen Herz „herzleer", ebenso wohl noch einige Stunden leben könne, wie wenn das alles in Ordnung ist. Das Blut denkt man sich immer in zwei Qualitäten abgesondert, in das gute und schlechte Blut. Das schlechte Blut ist hitzig, scharpf, verbrennt, gestockt und natürlich damit auch schwarz; das gute dagegen hübsch rosenfarben, wie es auf den „Herrglen" gemalt zu sehen ist. Das venöse Blut ist der Gegenstand der Volksverfolgung, des Zorns der Blutabzapfer und jedes ehrlichen Christenmenschen, dem daran liegt, daß es ihm wohl ergehe auf Erden und er lange lebe. Vor Zeiten war Zeit und Ort der Aderlässe durch dogmatische Satzungen bestimmt. Die Laßtafeln, welche vor den Stuben der Bader hiengen, gaben Aufschluß, ob für dies Leiden am Dienstag oder Donnerstag, ob für jenes gut im Krebs oder Zwilling, für dieses im Voll- oder Neumond, für andere an St. Katharinentag oder Jakobi, und letzlich ob für das und jenes Leiden am besten am Hals oder an der großen Zehe zu lassen sei. Dabei wurde damals noch nach der Landsordnung geschwitzt, gebadet, geschröpft. Leider hat man Lassen, Schröpfen und Schwitzen beibehalten, von dem urgesunden Baden will man nichts mehr wissen. Anno 1437 zahlte „Hans Pader aus seiner Pabstuben zu Ertingen fünf Pfund

Häller, Item fünf Schilling Häller und zwei Hühner von der alten Badstuben und fünf Schilling Häller zu Werglä߇." Jetzt sind die Nachkommen derselben Leute so wasserscheu geworden, daß man es für eine ordentliche Schande hält, sich nach dem Hochzeitstag noch einmal zu baden. Die Kunst eines Arztes wird nach dem Grad seiner Blut‌gier bemessen. Noch vor 25 Jahren sah ich nach- dem Laßmännlein im hundertjährigen Kalender Aderlässe machen, und auf die fünf „Vierfest" wird heute noch regelmäßig gelassen. In gewissen Gegenden sah ich das Aderlassen fabrikmäßig betreiben. Man setzte 10—15 Lässer auf eine lange Bank, ließ bei Nro. 1 schnappen und so fort bis zu Nro. 15, dann war es gerade Zeit bei Nro. 1 wieder mit dem Verbande anzu‌fangen. Ein ordentlicher Milchnapf (iədschissəl) muß voll sein. Nach‌her wird das Blut so schnell wie möglich wieder zu ersetzen gesucht, namentlich mit rothen Säften, z. B. Wein, aber auch mit Randichbrühe, wie ich bei armen Leuten gesehen habe. Mit der Entschuldigung: i bi‌hu~c͞t o lässər läßt man sich am Werktag ein Essen im Wirthshaus machen und trinkt sein Bier und seinen Wein dazu, keine andere Ent‌schuldigung ließe sonst solchen Luxus ungerügt. Wie das Volk die Menge des Blutes weit unterschätzt, so überschätzt es andererseits die Wichtigkeit eines einzelnen Blutstropfens. Ist doch ein einziger Bluts‌tropfen nach seiner Meinung im Stand, einem Menschenleben den Garaus zu machen, von den vielen Leiden zu schweigen, welche einem zuge‌schossenen Blutstropfen zugeschrieben werden. So kann ein Blutstropfen in's Knie schießen und unsägliche Schmerzen verursachen. (Aulend. Leg., Fol. 20 b: die was ser gemuot vn geschlagen mit einem tropfen in dem knye vnd wolt kein erozeney mer helffen.) Schwangere Weiber pflegen regelmäßig ein- oder zweimal zu lassen, sowohl in der Erwartung, daß sie selbst wenig an „wilden Wehen", „Herzfluß" und Milchfieber leiden werden, als auch um dem Kinde Unreinigkeiten der Haut, als: Muttermäler, Ausschläge, böse Augen u. s. w. zu ersparen.

Man putzt das Blut wie einen Brunnenteichel, in dem das Wasser lange gestanden und „lack" geworden, man läßt es einfach ab. Neben den Aderlässen gelten Purganzen als blutreinigende Mittel, weßhalb man glaubt, im Frühjahr oder Herbst sollte jeder Mensch die eine oder andere Procedur mit sich vornehmen. Obgleich schon vor 300 Jahren Para‌celsus gegen diesen Unsinn angekämpft hat, blüht er dennoch lustig fort.

„— Auch folgt auß solchem verechten Rath offtmals, das ein Arm oder Glied erkrümmet von einem kleinen Bick. — Du sagest, das Blut ist faul, ja im Scherben ist es faul, aber im Menschen nit. jr rathet zu lassen nach den vier Zeiten im Jahr: dem Glentzen, vnd habt keine andere vrsach dieser Lassin, dann es wirt ein frisch newes Blut wachssen, dann jetzt wachst Laub vnd Graß vnd also vermeint jr den Menschen auch Jung zu machen. Es ist ein wohlgereimpte Nuß auf einer Arm‌brust. Wie hefftig euch die Krankheiten anliegen, das zeiget St. Blasii, St. Philippi vnd Jacobi, Bartholomei vnd Martini wol an, zu welchen Zeiten sonderlich gut zu mästen ist. Vnd ob jr zu wenig hettent an benen vier zeiten, so nempt Sanct Veltins vnb Sanct Steffans Tag barzu: hilffts nit, die gantze Faßnacht vnb ein Babenfart nach Ostern: Ists zu wenig, den Liechtbraten, auch St. Gallen vnd was gute Prasser sind. Wann das die Kunst gibt, so wer nimmer besser Lassen, dann wann die Kappaunen am faistesten weren vnb jhr gern ein guts Mütlin hettet. Die Abern baran man sich zu todt lacht ist nit bei allen gwiß, sonder vil barinnen das da hindert. Wenn jhr wöllent die Seel also lachend gen Himmel schicken, so müsset jhr sie baß erkennen, dann noch in eweren schreiben gespürt wirdt. — Die weil es Gelbt in die Kuchen tregt (neben bem Aberlassen auch noch zu Purgiren) so lasset jhrs fürgehen, vnb ist euch ein gute kunst, vu ein gschmirbter Handel gibt allweg frisch Gelb. Jhr sagt viel von bösem Blut vnb ewer keiner weist nit was das böß Blut ist. Jhr saget viel vnb sonst nichts bann von verstocktem Blut vnb verbrunnenem vnb von seinen faulen Farben vnb bergleichen. — Soll es nun hinnemmen die Substantz des Bluts, als sie sagen warzu wer bie Lässin? wann es bie Purgatz hinnemm. Die Lässin geschieht nicht besselbigen Wusts wegen, ben bu purgirest. Jhr thuts aber barumb, bas jhr Purgier Gelbt habet vnb Apotheker Hellküchlin, sonst ist kein Nutz barin." (Th. Paracelsi Aberlassens Vnberricht. Fünff Tractatt. Basel 1589.)

II. Nach bem Blut sind es bie Eingeweide, welche sich abreinigen ober vermausern müssen. Vor allen aber bie Lunge (lunke). Wirft ein Zehrer wacker aus, so tröstet er sich bamit, baß sich bie Lunge abreinige, „jez schuib i ga͞o͞ ə frische͞ lo͞nkə"; benn es sieht kein Doktor hinein, vnb essen mag ich wie ein Holzmacher, ich bin nicht krank, ich bin nur so müb und hab ben Malefizhusten, und Nachts kann ich nicht recht schlafen. Schwitzen thu ich alle Nacht wie 'ne Sau, bas thut aber nichts, wenn nur erst einmal ber Unrath fort ist, bann bin ich gleich wieder ein Kerl wie Bux. Die Verschleimung will sich halt nicht geben, i muəss halt ga͞o͞ no͞ ə bitze͞le͞ lo͞nkəkrout broucha, wiəwôl i ko͞i͞ zêrər bi͞, wiə d leit êll mo͞e͞ne͞t, aber schaben thuts nicht. 's Herz ist so gesunb wie ber Fisch im Wasser, unb bis bas abbruckt ist, hat es noch lange Weil. Da mußt sich alles noch etwas ganz anders barzuschlagen, bis mir's z' Herz abstoßt. Unb zubem benk ich allemal: ð' verbirbt kein Unkraut, der brävst bin ich grab auch nicht; also, Michele, ð' kommt noch ein Regelein über dich."

Das Blut kocht in ben inneren Organen bei Kranken: Schleim, Matere͞ (Eiter), Rotz, Unflath unb Kouder, namentlich in Lunge und Leber; die Milz wird burch bas Milzhacken ober Milzstechen beschwerlich. Irrthümlich hält man nemlich bas Herzklopfen für bas „Hacken" ber Milz. Die Milz hindert auch am schnellen Gehen, benn von ihr kommt bas herbe Schnoufen. Man glaubt allgemein, baß bie Schnellläufer nur beßhalb so lange ausharren, weil man ihnen (horribile) als kleinen Kindern bie Milz herausgeschnitten habe, wie bie Komödieleute ja auch bie Gliebmassen ihrer Kinder üblicherweise oft ausrenken, bamit sie später recht gelaichig und gelenkig werden. Die Leber kocht

Blut. Ift eine Hih' an der Leber, fo fehlt's am Stuhlgang, ift fie vollends verfteckt, fo muß man fie mit ftarken Abführmitteln, zum Exempel mit Mausböllelein durchmachen.

Die großen Arterien heißen Luftadern: denn nach der Volks= meinung marfchirt die Luft ganz ohne Weiteres nach Belieben im Leib herum, wie durch die Kammern eines Haufes, bei Schwangeren fogar bis zur Leibesfrucht hinein, meßhalb man auch einer Schwangeren, wenn fie ohnmächtig umfällt oder gar ftirbt, hurtig mit einem Schlüffel oder Holz das Maul auffperrt, damit das Kind wegen Luftmangels nicht etwa erfticke. Auch glaubt man, daß z. B. Rauch per ora puden- dorum gehend in Nafe und Mund „gefchmeckt" werden könne, wie gewiffe Wunderboctoren, deren Kurerfolge nicht felten erft nach neun Monden an den Tag kommen, bei Mutterverftopfung und derlei Leiden geweihten Rauch von unten auf machen, der bei gehöriger Permeabilität der betreffenden Organe im Maul gefchmeckt werden muß.

Bei einzelnen gefcheibten Leuten ift eine Theorie vom Blutumlauf bekannt, welche den complicirten Mechanismus desfelben fehr verein= facht, denn vorne läuft das Blut am Leib hinab und hinten wieder hinauf, ftockt fich's irgendwo, fo ift der Menfch begreiflicherweife krank. Uebrigens kann man die Sache auf den meiften Jahrmärkten mittelft gewundener Glasröhren, in denen gefärbter Weingeift läuft, figürlich bargeftellt fehen; der Gratfchreiner von E. erklärt der gaffenden Menge ben Kreislauf des Blutes und wenn man fo etwas um Geld gefehen hat, fo muß es fich doch wohl alfo verhalten.

Der Tod (dao⁻d).

Nach den landläufigen Redensarten ift einer, der recht energifch tobt ift, d. h. daiddr ass dao⁻d ift, maustobt. Für fterben fagt man lieber: ho⁻e⁻ ga⁻o, Bahâglə zuə ga⁻o *), oufamslə, dëər gât, dëər ift sëəchzge⁻, dëər himmələt, dëər gât ins mêsmərs gâte, dëər hät də dao⁻ddescha⁻e⁻ scha⁻o⁻ im sack. Grob fagt man: kerrle⁻, diər schlêt mə ga⁻o⁻ d.schoufl uf də hindərə. dëəm sei⁻ f.... hät feirâbəd. dëər hait də guckigau ao⁻ nimmə schrei⁻ə. dëər gât mit əm lao⁻b. dëə hackət dr mêz Von alten Weibern, die nicht fterben wollen, pflegt man zu fagen: die geht noch nicht, die alten Weiber haben neun Häut', das braucht Arbeit, bis die Seel ein Loch reißt, die find zäher als Katzen; ftirbt fie endlich, fo fagt man: nun, da ift die Hebamme auch nicht mehr fchuldig, s'Maul wird man hoffentlich nicht noch extra todtfchlagen müffen. Jetzt hat dieß Laftermaul doch einmal Ruhe u. f. w. Stirbt ein Menfch ruhig, fo glaubt man, daß die Perfon gut geftorben, d. h. an einen guten Ort gekommen fei, koftet es gegentheils einen harten Kampf, dann hat die Perfon ficher

---

*) Ob das Dorf Bachhageln bei Lauingen etwas mit diefer Redensart zu thun hat, ift mir unbekannt.

noch etwas Ungerades auf dem Gewissen gehabt. Rinnt der Schweiß über das Gesicht des Sterbenden, so hält man diesen Angstschweiß für sehr gerechtfertigt, weil moribundus mitansehen muß, wie Engel und Teufel um seine Seele streiten. Lächelt ein Mensch in agone, dann nimmt man eine glückliche Himmelfahrt für sicher an. Um dem Sterbenden die Nothzeit abzukürzen, spritzt man von Zeit zu Zeit Weihwasser in der Stube herum, da man glaubt, daß die vielen Teufel, welche sich bei dieser Gelegenheit einfinden, um etwas zu erhaschen, zurückweichen. Die Teufel machen sich's übrigens ziemlich bequem, denn auf Kuh- und Bockshäuten stehen die Sünden des Sterbenden verzeichnet und die halten sie ihm vor Augen; ob die besser daran, welche nicht lesen können, ist unbekannt. Der Tod, welcher persönlich aufgefaßt wird, steht gewöhnlich an der Fußnet, neben und über ihm aber „ein ganzes Ried voll Teufel", entsetzliche Grimmassen schneidend, um den Sterbenden von bußfertigen Gedanken abzubringen. Weiteres hierüber sehe man „Volksthüml. aus Schwaben" (Bd. I., 279). Stirbt eine Kindbetterin, so gibt man ihr eine Scheere und eine Pfanne in den „Todtenbaum" mit (Volksth. II, 408). — Gescheite Kinder sterben bald. — Wenn sich Jemand zum Sterben richtet (beichtet ꝛc.), so sagt man scherzhaft von ihm: r.hāt om d.aˉiˉsənər rāreissə laˉoˉ. Da man die Unkosten für Krankenbehandlung durch einen Arzt scheut, so lügen sich die Leute häufig mit den Trostworten an: wenn Einem seine Zeit um ist, dann stirbt er eben, und wenn er seine Doktor' von Paris kommen läßt, für den Tod ist kein Kräutle gewachsen; und so bleiben unmündige oder unwerthe Personen ohne die Wohlthat ärztlicher Hilfe. Die Nächstenliebe ist überhaupt nicht weit her, es mag nicht leicht Bemühungen geben, die von einem hartnäckigeren Unsegen begleitet sind, als die der Liebeprediger.

Zur Symbolik der menschlichen Gliedmaßen.

Die Natur des guten und bösen Blicks ist überall bekannt. Graue Augen gelten für schlimm, viereckige oder kreuzförmige Augensterne (pupillen) für ganz schlimm. Die Nase, welche sich naseweis in Alles hineinsteckt, gilt für den Grabmesser der Gescheitheit. Man sieht's einem an der Nase an, was er für ein Kerl ist. Von den Fingern singen die Kinder: dês ist dr doˉmm, dëar schüttlot d.pflomm, dëar list's ouf, dëar traits hoˉeˉ und dëar kloˉoˉ frisst äll oloˉeˉ. Mit dem Zeigefinger soll man während eines Gewitters nicht nach den Wolken zeigen, der Blitz wird angezogen und man läuft Gefahr, erschlagen zu werden. Der Zeigefinger auf die Spitze des kleinen Fingers gelegt, hilft gegen den „Häcker". Dasselbe thut der Daumen. Blutet man aus der Nase, so soll der kleine Finger der linken Hand mit einem Faden unterbunden werden, damit das Bluten aufhöre. Böse Buben hacken ihre kleinen Finger ein, um Hunde am Kothmachen zu verhindern (Volksth. I., 488); es ist auch der Zauber, um Weiber nicht gebären zu lassen. Durch den Ring, den Daumen und kleiner Finger bilden, muß der sein Wasser lassen, welchem die Mannheit genommen ist, das löst den Zauber. „Heb mer də dommo" sagt man, wenn man bei Etwas Glück haben will. Mein Kleiner (Finger) hat mir das und das gesagt, antwortet man Kindern, die erstaunt fragen, woher der „Datte" dieß und das wisse. „Guck, dein Sail lauft aus," scherzt man mit Kindern, wenn sie an den Fingern, besonders am kleinen bluten. Der Daumenfinger ist der schwäbische digitus infamis, impudicus, sofern er vor Kindern das Bauchnäbele, vor Alten aber den penis darstellt, während Zeige= und Mittelfinger das muliebre darstellen. Bei den Römern war es bekanntlich der Mittelfinger (Persius II., 33). Bei uns könnte er es wegen des „Hennengreifens" sein, wie bei den Griechen skimalzein dieses Greifens bedeutete und dabei das Ausrecken des digitus impudicus. Die Athener nannten ihn katapygos, vermuthlich als den Einäben. (Mart. I. 93. 2. und II. Epg. 28. 2. Iuvenal. Satyr, 10. 53. ff.) Plinius nennt den Goldfinger digitus medicus, der Auctor ad Herennium sogar schlechtweg: medicus, den Heiler. Vom linken Goldfinger glaubte man, daß er sein Blut unmittelbar aus dem Herzen empfange, weßhalb man den Ring der Geliebten, der Gemahlin an diesem Finger trug. Die lex salica nennt ihn clechano, die Züricher den Larner, den Finger, mit dem man larnet, d. h. quacksalbert und Krankheiten beschwört; er ist aber auch der Finger „ungenannt" und erprobt die Reinheit bei Feuerordal und Kesselfang. An den Fingernägeln blüht das Glück, wenn sich nemlich weiße Flecken auf den Nägeln zeigen; Leute mit geraden Nägeln leben lang, Krummnagelige sterben bald. Viel Nagelwurzen: viele Feinde oder viel Verdruß. — Wer mit dem Fuß einwärts geht, der wird viel verhausen, d. h. erwerben; wer auswärts tritt, ist ein geborener Aushauser und wird ein Lump. Man kennt den Schelm am Gang, sagt ein Sprichwort. Wer „zeichnet", d. h. mit irgend einem sichtbaren Bresten behaftet ist, der ist vom Uebel. „Hütet euch vor de Zeichnete, wie krümmer, wie schlimmer." Die rothen Haare sind besonders berüchtigt als Markzeichen der Schelme. Unser Landsmann Pater Abraham sagt in seinem „Judas der Erzschelm", der natürlich auch rothhaarig gewesen, wie solches auf uralten Gemälden zu sehen: „rothes Haar und rother Bart seind allmeist von falscher Art." Aus eigener Erfahrung kann ich sagen, daß das Ding nicht so gefährlich ist; einer meiner besten Freunde hat Herz und Haar wie rothes Gold. Mißgeburten werden als üble Vorbedeutungen oder als Strafe für geheime Frevel betrachtet. Muttermäler haben in der Phantasie des Volkes bald Aehnlichkeit mit Dingen, an denen die schwangere Frau erschrocken, z. B. mit einem Hasen, einer Maus, einem rollenden Faß u. dgl., bald mit essigen Sachen, die sie sich vergeblich gewünscht, als Oelküchlein, Lebzelten, Kaffee (hier natürlich in Gestalt des verschütteten), Aepfel u. dgl. Sechsfingrige und Sechszehige werden als über Gebühr erwerbsüchtig betrachtet.

II.
Die Heiler und Heilmittel.

Die Heiler sind bald unsichtbare Geister oder Heilige, bald sichtbare Männer und Weiber. Die Männer schöpfen ihre Weisheit theils aus alten Kräuterbüchern, z. B. aus Adam Lonicerus, Verzascha, Zwingerus, Tabernämontanus, Geßner, Bauhinus und andern, theils erhalten sie dieselbe von Mund zu Mund überliefert. Zuweilen besitzt der eine oder andere ein Reutlinger „Kolmanusbüchle", den alten Schäfer Thomas und wie die Preßerzeugnisse dieses Gelichters alle heißen. Die Weiber sind der Sympathie mehr und ausschließlicher zugethan, als die Männer. Die meisten Segensprüche habe ich bei Weibern aufgetrieben.

Was die heiligen Nothhelfer anbetrifft, so ist ihr Krebit nicht mehr so groß, wie früher. Schon Paracelsus (Große Wundartzney, III. Thl., Fol. 17, Frankfurt bei Weygand Han) läßt sich also vernehmen: „Damit das Spiel gantz wirt, hett ich mich versehen, ich hette widerwertiges gnug von Menschen gehabt, war solches nit satt, die Heyligen mußten auch an mich welcher Kunst und Artzney ich wol hett mügen annemmen. Dieweil aber sie selbß nit sonder jre Amptleut den stand vertraten, da erfuhr ich das derselbigen Artzney nicht Himmelisch sonder Bübisch war. Aber am ersten merkend welche der Heyligen Bottschafften sich wieder mich eynlegten.

Sanct Fiecht der verantwort die Frantzosen,
Sanct Kürin verantwort die ölschenkel,
Sanct Johannes die fliessende offen Schäden
Vnd Sanct Dionysi die Blatern.

Vnd also solcher viel als S. Anthoni, S. Veltin, dergleichen fürwar an der Heyligen befelch beschenken."

Am berühmtesten sind die eigentlichen, die „vierzehn Nothhelfer oder Apotheker". Nämlich: 1) St. Aegidi (Gilg) mit dem Reh, nach andern mit dem Hahn, wiederum nach andern mit dem Drachen als Symbol. 2) St. Jörg mit dem Drachen ist Patron von Roß und Reiter.*) 3) St. Barbara mit Kelch und Schwert. 4) St. Katharina mit Schwert und Rad. 5) St. Margaretha mit dem Drachen, den sie an einem Gürtel führt. Sie wird von Gebärenden angerufen. Zu demselben Zweck geht man nach „Maria Schrei" bei Pfullendorf. St. Margaretha hat den lösenden Gürtel. Man nimmt eine Schnur, ein Schnupftuch, bindet es der Kreißenden in den 3 höchsten Namen um die Hüften und läßt sie unter Anrufung der hl. Margaretha pressen. Juno Lucina. Stärkegürtel der Gribur (Greth, Graith). — 6) St. Eustachius der Jäger wird mit einem Hirsch abgebildet, hilft in Fähr-

---

*) Der ritterliche St. Jörg und der kriegerische St. Michael sind in Schwaben häufig Patrone alter, auf Höhen stehender Kirchen.

lichkeiten bei Ausübung des Waidwerks. — 7) St. Erasmus mit dem
Haspel. Es wurden ihm die Eingeweide aus dem Leibe gehaspelt, er
wird in Unterleibsleiden, Bauchgrimmen u. s. w. angerufen. — 8)
St. Achatius mit dem Kreuz. — 9) St. Veit mit dem Häfele. St. Veit
ist der berühmteste unter allen, der unter den Deutschen seit seiner
Uebertragung von St. Deny nach Corvey im Jahr 836 bekannt und
beliebt geworden. Er ist der Schutzheilige der Tanzsüchtigen geworden,
weil er vor seiner Enthauptung zu Gott gebetet, er wolle die, welche
seinen Tag feiern, vor dem Tanz bewahren, und eine Stimme dann
gerufen habe: Vite, du bist erhöret! Die Veitstanzepidemien in Deutsch-
land haben seiner Wunderthätigkeit ein weites Feld geboten. (Vgl. das
treffliche Buch: Hecker, die Tanzwuth eine Volkskrankheit im Mittelalter,
Berlin 1832.) Nach Horst Ep. med. sect. VII. p. 119 sollen vor
Zeiten die Veitstanzkranken dadurch Heilung erlangt haben, daß sie in
die Kapelle des hl. Veit zu Treffelhausen bei Weißenstein wallten. Noch
im Jahr 1623 sah Horst daselbst Weiber drei Stunden lang um die
Kapelle tanzen. Berühmt ist die Straßburger Tanzplage von 1418
und die heilbringenden St. Veitskapellen zu Zabern und Rotenstein;
außer diesen noch die in Bießen bei Breisach und die St. Johannis-
kapelle bei Wasenweiler, ebenso die Veitskapelle in Ravensburg.
Vermuthlich weil St. Veit mit einem Häfele abgebildet wird, rufen
ihn auch Bettpisser an: „hâe-lǝgǝr sant veit, weck mǝ bei
zeit, it z'frio vnd it z'gbât. dass nix in's bett gât." Denselben
Dienst leisten übrigens auch die armen Seelen, wenn man für sie
betet. Letztere werden überhaupt als sichere Wecker vielfach angerufen. — 10) St. Christophorus, der große Christofeles mit dem
Jesuskindlein auf der Schulter und dem Eichenast als Stab über ein
Wasser watend. Auch zu ihm wallt man um eine gute Niederkunft,
z. B. nach Laiz bei Sigmaringen. — 11) St. Dionysius, den eigenen
Kopf in Händen tragend. Dieser Heilige hat bekanntlich, ähnlich dem
hl. Domneo, St. Alban, St. Fingar*), seinen Kopf eine gute Strecke
weit in Händen getragen, man sagt von Versailles bis nach Paris.
— 12) St. Pantaleon, dem durch eine Hand, die auf dem Scheitel
liegt, ein Nagel in's Gehirn getrieben ist; er hilft Kopfleidenden. —
13) St. Cyriacus mit dem „Drachen". — 14) St. Blasius mit den
Kerzen. Wer sich an St. Blasi „bläseln", d. h. mit brennenden Kerzen den
Hals besegnen läßt, bleibt das ganze Jahr über von Halsübeln befreit.

Weitere Schutzheilige sind: St. Eulogius (St. Loi), der
Patron der Schmiede, wie er bisweilen noch an Dorfschmieden abgebildet
ist, hilft vernagelten, überhaupt kranken Pferden. Volksth. I., 404 ff.)
St. Liborius hilft Augenleidenden. Deßgleichen die hl. Ottilia,
von der man sagt, daß sie sich wegen ihres in der Hölle sitzenden Vaters die Augen ausgeweint habe, und ihn um diesen Preis aus den
Qualen erlöset habe. Sie wird abgebildet ihre Augen auf einem Buche

---

*) Vgl. Heiligenlexikon von Stadler, Augsburg 1858.

tragend. Man pflegt bei Augenleiden wächserne Augen (in Brillen=
form) in Kapellen als Weihgehänge zu opfern. — St. Lorenz hilft
für Wetter= und Feuersgefahr. Gräbt man an St. Laurenzi unterm
Zwölfuhrläuten im Boden (wo es auch sei), so findet man Kohlen,
welche für alles Mögliche gut sind. — Nicht minder schützen St. Donat
und St. Agatha vor Feuersgefahr. — St. Quirinus zu Köllen
am Rhein hilft gegen Kopfweh, besonders durch einen Trunk aus seinem
Schädel. Berühmt war vor Zeiten auch das Quirinöl, dem in neuester
Zeit das Walpurgisöl von Eichstädt den Rang abgelaufen hat. Pro=
fessor Fehling in Stuttgart behauptet, die chemische Analyse habe es als
eitles Brunnenwasser erfunden. — St. Florian als Feuerpatron ist
weitberühmt. — St. Sebastian schützt vor der Pest (s.bëzt). —
St. Martin von Tour ist Nothhelfer der Pockenkranken. — St.
Wendel Patron des Hornviehs, ebenso St. Arbogast. — St.
Rochus „mit om waile" ist der zweitberühmteste Heiler unter den
Heiligen. Es gibt viele Rochuskäppelein. Er wird gewöhnlich dar=
gestellt, wie er mit der einen Hand sein Kleid bis übers Knie aufhebt,
während er mit der andern auf eine offene Wunde über dem Knie
deutet. In den St. Rochus=Kapellen, z. B. bei Riedhausen, OA. Saul=
gau, trifft man neben anderen Weihgehängen auch die seltsamen eisernen
Kröten. Diese Kröten sind ziemlich roh aus flachem Eisen geschmiedet,
vier unförmliche mit Zehen versehene Extremitäten von sich streckend,
statt der Augen zwei Löcher besitzend und am Hintertheil mit einem
Kettchen versehen, an dem sie an der Wand aufgehangen sind. In
Riedhausen sind es ihrer sechs. Sie sind Symbol der Gebärmutter
und werden in allerlei Mutterkrankheiten, besonders bei der sogenann=
ten aufsteigenden Mutter versprochen und gestiftet. Auch rufen ihn
Kindbetterinnen an, wenn sie vergebens natürliche Mittel angewendet,
als wenn z. B. ein Kind „viereckig" liegt, und die Kreißende ohne
Erfolg „über= und übertrolet worden", in der Hoffnung, daß das
Kind dadurch die richtige Lage bekommen werde; wenn man sie ver=
gebens hat schnupfen lassen, damit der Nießer den „Klotz hinausnehme",
wenn man der Kindbetterin vergebens Taubendreck in Milch versotten
eingegeben und derlei mehr. St. Rochus wird aber auch in äußerlichen
Bresten, namentlich in Hautkrankheiten angerufen, wie St. Job. Waihla=
rochas ist ein Schimpfname für „wehleidige" (empfindliche) Leute. —
St. Anton der Eremit, genannt St. Antoni mit dem Sauglöckle,
ist Patron der Schweine. Seine Kapellen nennt man schlechtweg: sou=
käbbələ. Ein solches steht z. B. bei Neufra, OA. Riedlingen. —
St. Antoni von Padua befreit aus Fesseln und Banden. Er hilft
Verlorenes oder Verlegtes wieder finden. Hilft gegen das wilde Feuer.
Erysipelas seu ignis Sti Antonii seu morbus sacer St. Antonii. In
der Umgegend von Riedlingen wird er um Auskunft angegangen über das
Loos „unterwachsener" (rhachitischer) Kinder. Sagt man: i gang zuə
deᵉ altvättor geᵉ Riədlingə, so heißt das: ich will jetzt doch auch mal
gewiß wissen, ob mein Kind davon kommt oder stirbt. Das macht

man bann so: man brennt eine Kerze vor St. Antoni und eine vor dem Kind, erlischt St. Antoni's Licht zuerst, dann wird er, d. h. der Himmel nicht Meister, und das Kind „drieht" wieder. — St. Apollonia hilft Zahnleidenden; sie wird zuweilen mit einer altmodischen Zahnzange, in deren Gebiß sich ein Menschenzahn befindet, abgebildet, so z. B. in der Kirche zu Friedberg, OA. Saulgau. — An diese kirchlichen Heilige reihen sich einige Volksheilige an, wie: St. Råbos am See, St. Luibertus in der Göge, die drei Elenden beim sto‍‍‑c‍‑ bei Marchthal. St. Luibertus hilft den Leuten, die böse Füße haben. Sie müssen den betreffenden Fuß durch ein Loch, das im Boden vor seinem Altar zu Ennentach sich befindet, hinabstrecken. Eine ähnliche Falle soll sich im Kloster zu Fischingen befinden. Die 3 Elenden sind St. Smaragdus mit zwei Genossen und helfen Mensch und Vieh in allen Nöthen.

An diese Heiligen schließen sich die Kapellen für einzelne Krankheiten an. So namentlich die Åissoköppolo, in die man Besen opfert, um von den Åissen (Furunceln) befreit zu werden. (Vgl. Volksth. I. 484. 485. II. 444.) So befindet sich ein Aissenkäppele zu Baach bei Zwiefalten, zu Hoßkirch, zu Wolfertsweiler u. s. w. Als Weihgehänge figuriren meist Wachsfiguren, welche Augen, Hände, Füße, Köpfe, Herzen, Ohren darstellen; ferner eiserne Kröten, natürliche Haarzöpfe; rothe, braune Seide, Haargeflechte, Leberstücke, Krücken, Stöcke, Besen; Votivtafeln, auf welchen häufig ein Kranker im Bett, in der Wiege liegt, Pferde oder Kühe abgebildet sind, neben denen der Bauer, die Bäuerin, die Familie, welche in Noth ist, kniet; oberhalb dieser Figuren ist das Bild des angerufenen Heiligen angebracht. Ueberdieß gibt es noch frairorköppolo, so z. B. bei Blochingen an der Donau, wo es allerdings am Platz ist, da dort wegen der vielen Altwässer das Wechselfieber (dr frairor) endemisch herrscht. Manche solcher Gnadenorte haben ganz eigenthümliche Namen, z. B. „zum Kindlesverwürger."

Letztlich reiht sich hier der Dienst der Heiligen an, welchen sie verliebten jungen Leuten thun müssen, als z. B. Sanct Andreas (Volksth. II. 444), S. Veit (II. 445), S. Thomas I. 341). Die Procedur am S. Andreastag nennt man: endrêslo.

Die menschlichen Heiler, Wunderdoktoren, Kogenflicker, Seichgucker, Brunzdoktoren haben häufig stärkeren Zulauf als alle Heilige. Am See sitzen die berühmtesten. Ein Weib muß das ganze Gütterle voll „Wasser" haben, wenn sie die ganze Person des abwesenden Patienten sehen soll, denn zu oberst spiegelt sich der Kopf des Hilfesuchenden, unten natürlich die Füße. Ein geistlicher Teufelsbanner in eben jener Gegend hat gerade jetzt einen gewaltigen Zulauf. Ein geweihtes Oel ist sein Arcanum für alle menschlichen Gebrechen.

Kräuter der Heiligen.

S. Antonikraut. S. Barbarakraut. Benedictenwurz, auch Sanamundiskraut, Hasenäugle, Heil aller Welt genannt. (Geum urbanum).

— Chriſtianswurz (Lathyrus tuberosus), Chriſtwurz (Elleborus niger).
— S. Chriſtoffelestraut (actaea spicata). — S. Clarakraut, Katzen=
kraut, auch S. Jörgenkraut, Speerkraut genannt (Valeriana officina-
lis). — S. Colmariskraut, Gauchheil (Anagallis arvensis). Zwinger
ſagt in ſeinem Kräuterbuch davon: die alten abergläubiſchen Deutſchen
haben dieſes Kraut darumb Gauchheil gennennet, weilen ſie vermeint,
daß ſo man es zu eingang des Hauſes aufhenke, werden dadurch aller=
lei Gauch und Geſpenſt vertrieben." — S. Jörgenwurz (Orobanche
aphyllon). — S. Jakobsblum, S. Jakobskraut. (Mehrere Senecio=
arten). — Jesusblümlein, Dreifaltigkeitsblümlein (Viola tricolor). —
S. Johanneskraut, S. Johannisgürtel, Sonnewendgürtel, rother Buck,
Beifuß (Hypericum perforatum). — S. Johannsblum (Buphthal-
mum speciosissimum). Sie wird auch Oſterblume, Mägbleinblume,
Maßſüßele, Maßliebchen genannt. — Joſeflein, Buſaiplin (Satureia
hortensis), Bohnenkraut. — Johannisbeeren (Ribes rubrum). — Ka=
tharinenblum (Nigella sativa). — S. Konrabstraut, Grundheil (An-
drosaemon). (Eupator. vulgar.) — S. Laurentiuskraut (nach einigen
Cynanchum vincet., nach andern Sanicula-Arten). — Marienbiſtel. —
Mariengras (Hierochloa odorata). — Magdalenenkraut (Levisticum).
— Maria Magdalenenkraut (Valeriana celtica). S. Ottilienkraut
(Delphiniumarten). — S. Peterskraut, Traufkraut, Tag und Nacht
(Parietaria). — S. Peterskorn (Triticum speltha), die beſpelzte Frucht
wird Veeſen genannt. S. Petersſchlüſſel, Himmelſchlüſſel (bage=ngə,
badengələ primula elat. et offic.) — S. Roberts= oder S. Ruprechts=
kraut (Geranium robertianum). — Sigmarswurz, Sigmundswurz,
Hochleuchten (Malvenarten). — S. Zachariasblum (Centaur. cyan.)

Symboliſche Kräuter.

Kreuzwurz (Senecio), heißt auch Speerenſtich, Heil aller Schaden.
— Kreuzblümlein (polygalaam). — Donnernägelen (Dianthus prolif).
— Donnerbohnen, Zumpenkraut (zump = penis vocab. optim. ed.
Wackernagel) (Sedum fabaria). — Donnerbollen (Vembilicus veneris). „Dienet zur Buhlerey," ſagt Lonicerus. — Faſtenblume, Hand=
ſchuhblume (primula). —. Königskerze, Unholdenkraut, Himmelbrand,
Brennkraut (Verbascum thapsus). — Frauenbiß, Vergißmeinnicht.
„Dieſes Krauts Wurzel angehenket ſoll die Buhler holdſelig und werth
machen." Lonicerus. — Frauen= oder Marienbiſtel, altfranzöſiſch:
(laict nostre dame). — Frauenhaar, Jungfernhaar, Venushaar, alt=
franz. chevelure de femme (Adiantum capillus Veneris). — Frauen=
flachs (Linaria). — Mergenmünz, Frauenmünz, Mutterkraut (Melissa).
— Frauenſchühle. — Frauenſpiegel, Venusſpiegel (Specularia specu-
lum). (Der Name Venus iſt im Volk nicht unbekannt, ſo gibt es einen
Hof Venusberg, der nach Untereſſendorf, OA. Walbſee gehört; ſo ein
Venis=Haus bei Obereſſendorf, OA. Walbſee und nahe beim Venus=
berg ſogar ein Thannhauſen. Eine Venusmühle iſt bei Unterbettingen,
OA. Biberach; eine Venushalben iſt bei Tettnang, ja in Oelkofen OA.

Saulgau schreibt sich eine Familie Venus.) — Unserer Frau Bettstroh, Kienlin (Serpyllum sat.) — Unser Frauen Distel. — Unser Frauen Werg, auch Nabelkraut genannt (Linaria). — Unserer Frauen Handschuh (Erigeron acris). — Unserer Frauen Ilgen (Anemone nemorosa). — Unserer Frauen Mantel (Alchemilla alpina). — Unserer Frauen Schühlen (Melilotus). — Unserer Frauen Treher (Thränen), (Ophrys muscifera). — Unserer Frauen Wegstroh (Galium). — Unserer Frauen schwarzer Rauch (eine Bergchamillenart, die ich nicht finden konnte). — Unserer Frauen weißer Rauch oder Bergwermuth. — Gottesgnadenkraut. — Gottvergeß (Angelica). Zwinger sagt: wider Geschwülste, darein der Teufel Lichtputzen, alte Lumpen, Werk und Garn gegaukelt). — Himmelkehr (Beifuß). — Hagamundiskraut, Obermennig, Halbenmännlein (Agrimon. eup.) — Mannstreu (Eryng. campest.) — Neunheil, Neungleich, Teufelsklaue, Hexenkraut, Hexengürtel (Lycopodium). — Siebengezeit, Zigerkraut (Trifol. caerul.) Lonicerus sagt davon: Es henkens die Weiber in ihre Stuben, Kammern und ins Haus für böse Gespenst und Gift, dasselbe damit zu vertreiben. — Sonnenbraut, Sonnenwirbel, Sonnenwendel, Wegwarte (Cichor. intyb.) — Teufelsabbiß (Succisa morsus diab.) — Teufelskralle (Phyteuma spicat.) — Teufelskirsche, Tollkirsche, Wolfskirsche (Belladonna, gegenbweise auch (Bryonia alba). — Teufelswurz, Narrenkappe, Wolfswurz (Aconit. nap.) — Teufelsmilch, Wolfsmilch, Teufelskraut (Euphorbia). — Teufelstrapp, Wolfstrapp (Lycopus).*) — Früher spielte auch der Orant (Antirrhinum orantium) eine große Rolle. Lonic. sagt: „Ist gut wider Gespenst und Zauberei angehenket. Wird auch zu Lieb und Buhlschaft gebrauchet." Dioscorides nennt ihn, vermuthlich um dieser Eigenschaft willen katananke. Zwinger S. 956: die alten Weiber brauchen den Orant wider die Gespenst und Zauberei, henken ihn entweder an oder beräuchern sich darmit, legen ihn in die Schuh, in das Beth und in das Hauß. Matthiolus schreibt wie man solches einem Hund in das Hundshüttlin gethan, da er vorher durch böse Leut nimmer gebellet und habe bald darnach wiederum gebellet. Bartholomäus Carrichter beschreibt in seinem Kräuterbuch an vielen Orten Arzneien wider die Zauberei, bei welchen der Orant verwendet wird.

Heilkräuter, Stauden und Bäume.

An Mariä Kräuterweihung (Ende August), wo das „Dreißgnist" anhebt, werden manche sehr wirksame Kräuter geweiht, welche nun in der Absicht, daß ihre natürlichen, wie die durch die Weihe erzielten Kräfte helfen mögen, Mensch und Vieh eingegeben werden. In die Weihbuschel (weihsang, weihbische-le-) werden genommen: von jeder Getreideart ein Exemplar, Disteln, Königskerzen, Beifuß, St. Johanniskraut, Obermennig, Rauten, Wermuth, sodann allerlei farbige Blumen.

---

*) Der Teufel und der Wolf stehen in so alten Namen wohl nicht ohne guten Grund wechselweise. Ich erinnere an Muspilli: warch ist kiwâsanit

Das Ganze wird mittelst großer Krautblätter (von Kappiskraut, Kohl) am Stiel umschlossen und mittelst Wickelchen von Hanf und Werg zusammengeheftet.

Alraun. Gesehen hat die Alraunwurzel von all denen, welche von ihr erzählten, noch keiner. Alle erzählten von ihr mehr oder weniger das, was Zwinger in seinem Kräuterbuch erzählt: S. 898: daß die Landstreicher die Schmeerwurz in Menschengestalt schneiden, an die Orte, wo sie Haare haben wollen, Gersten- oder Hirsekörner stecken, die Wurzel hernach verscharren, bis die Kernchen Wurzelfasern getrieben haben, und nun alles schön herrichten, daß diese Wurzeln wie ein Männchen oder Weibchen aussehen. So habe einmal ein Landstreicher dem Mathiolus bekannt, daß er auf diese Art viele verkauft und bei Reichen zuweilen 30 Dukaten erlöst habe. Die Landfahrer sagen: „die rechte Alraun seyn schwerlich zu bekommen, müsse under dem Galgen mit großer Lebensgefahr gegraben und durch einen schwarzen Hund an einen Strick außgerissen werden, der Außgräber aber solle die Ohren wohl verstopfen, denn so er die wurzel höre schreyen, seie er seines Lebens nicht sicher. Was ist das anderst? als wie man von Farnsamen sagt, wer den Farnsamen will holen, der muß keck sein und den Teufel können zwingen." — „Geben leichtsinnig auß, sie mache die Leuth glückselig und die Weiber fruchtbar, man müsse sie alle Sambstag in Wein und Wasser baden, sauber einwickeln und heimlich auffbehalten. Damit aber sie ihre Schelmerey besser bemänteln, bringen sie herfür, was Flavius Josephus de bell. judaic. lib. 7. c. 23 schreibt, aber es wird allda der Alraun nicht mit einem Wort meldung gethan, sondern allein der Wurzel Baraas." Alraunöl (von den Beeren) wurde früher als schlafmachendes Mittel gebraucht.

Agelei (Glockenblume) wird als weiberzeittreibendes Mittel benützt.

Aaron (ara͞o͞). Arum mac. Im Araun ist das ganze Leiden Christi versinnbildlicht, wie im Hechtskopf; man sieht an dem Kolben zuerst eine braune Roggenähre, hernach eine Weintraube, die z. B. den Schwamm vorstellen soll, oben sind Aehren „im Blust". Gibt's viel Aaron, gibt's viel Frucht. Der Aaron vor der Blüthe gesammelt hilft wider den Husten bei den Schweinen. (Volksth. I. 491.)

Wer eine **Angelikawurzel** bei sich trägt, ist sicher vor Zauberei, Gespenstern, Wehetag und anderen Krankheiten, diese Wurzel heilt den Biß wüthiger Hunde, dasselbe thut Hagemundskraut.

Augentrost ist gut für blöde Augen und die Gelbsucht.

Aloe (alǝwê) wird in Ansätzen für Wöchnerinnen vielfältig benützt. Man sagt, die Aloe sei ein Stein aus dem Morgenland.

Asche. Die Lauge von Buchenasche wird mit Erfolg gegen chronischen Friesel angewendet, sofern der örtliche Ausschlag abdorrt. Die Asche, welche am Aschermittwoch geweiht worden, gilt für heilsam in den verschiedensten Leiden. Diese wird innerlich genommen. Aschenbäder, Laugenbäder für die Füße sind überall bräuchig.

Bachbungensaft ist gesund, blutreinigend, wassertreibend.

Balbrianthee wird von den Weibern bei Mutterkrämpfen genossen. Das Katzenkraut legt man bisweilen zum Spaß den Katzen in den Weg, welche davon wie verrückt werden.

Benediktenwurz zertheilt gestockt Blut im hohlen Leib.

Basilikum (ocymum b.) fehlt in keiner Bauernstube, wo man überhaupt „Stubensträuß" hält. Die Blätter werden um ihres angenehmen Geruches wegen vielfältig im Mund getragen, als Analeptikum bei Uebelwerden benützt, überhaupt gegen böse Luft, Dämonen und aˉoˉglaˉcˉstr aller Art wirksam erachtet. Basilienkraut Jemand unter „das Teller" gethan, macht, daß diese Person nicht essen kann.

Beifuß wurde zu kinderabtreibenden Tränken benützt. Beifußsaft in die Arme bis an die Ellenbogen öfters eingeschmiert, gibt Riesenstärke.

Bibernellen sieht man gern auf Wiesen mit ihrem Begleiter, deˉ spitzeˉ wēəbərlə (plantago lanceolata). Bibernell ist „fürs Bäst" gut. So hat das Ellwanger Vögelein gepfiffen: esset knobl und bibernëll nå wëret ihr nit sterbə-n äll. (Volksth. S. 240, 241.)

Bilsenkraut geraucht, nimmt das Zahnweh, unterm Kopfkissen macht es Schlaf. Wenn die Pferde schlafen sollen, gibt man ihnen Bilsensamen.

Bohnen (baˉoˉnə, kichərə, fasôlə und fisôlc). Die Bohnen gelten wie die Eier und Kartoffeln für ein Aphrobisiacum. Hat vielleicht darum Pythagoras verboten, fabâ vesci? Der Dämpf gesottener Bohnen wird beim Ohrenspanner durch einen umgestürzten „Trächter" in's Ohr geleitet. Im Sommer werden die Schoten derselben, auch die Kerne (géil) in sauren, braun gebrannten Brühen mit Knöpflein und Mangoldstengel und dabei etwas Bohnenkraut (Saturei) genossen. Bohnenmehl, Bohnenblustwasser machen eine schöne, weiche Haut, wie manche Mädchen vom Bohnenteig wohl wissen.

Brennnesseln sind ein beliebtes Futter für Schweine und junge Gänse (zerhackt). Brennnesseln in Krischmehl (Kleien) gebacken aßen die Leute im Hungerjahr 1817. Brennnesselsamen gilt für fruchtbar machend. Auch werden gelähmte Glieder oder solche, die ihre Schuldigkeit nicht recht thun wollen, mit Brennnesseln gepeitscht, item es hilft.

Benignenwurz im Abnehmenden vor Sonnenaufgang gegraben hilft den Fallsüchtigen.

Brunnenkresse gilt für sehr gesund und blutreinigend. Man ißt ihn roh oder als Salat.

Bux. In den Gärten zu Einfassungen benützt. Die Mädchen sieden ihn zum Braunfärben der Haare. In Bux schlafen ist gefährlicher als in einem Hanfland. Ist auch ein Volksmittel gegen Wechselfieber.

Chamillen sind ein wahrer Weibertrost. Für alle Fälle hilft in dubio ein wenig Chamillenthee, denn man schwitzt ordentlich drauf, und wofür sollte Schwitzen etwa nicht gut sein? Widergenden, Zahnweh, Ohrenweh, Halsweh werden durch geröstete Chamillen in Säckchen bearbeitet.

Durchwachs aufs Näbele gebunden, heilt den Nabelbruch der Kinder.

Eberwurz. Die Kraft dieser Wurzel wird von Roßknechten überaus gepriesen. Will man starke Rosse haben, so füttert man Eber=wurzen, die Rosse des Nachbars nehmen aber ab, wenn sie nicht auch bekommen. Gibt man den Pferden zudem noch etwas arse˜ne˜, so werden sie sehr dick und „glanzig". Bei Menschen mehrt sie die Körper=kraft und bewahrt sie vor Leibschaden. Eberwurz in der Walpurgisnacht geholt und den Pferden 3 Stücke davon gegeben, erhält sie das ganze Jahr gesund.

Ehrenpreis und **Eibisch** geben bekanntlich gute Brustbrühen. Namentlich die „rothen Malven" stehen in gutem Ansehen.

Eicheln. Eichelkaffee gibt man den Kindern, wenn sie Abweichen haben. Die Lohbrühe gilt für Lungensüchtige, wenn sie Blut aus=speien, als gesundes Mittel.

Enis (Anis) bäckt man in's Weißbrod „wegen Wind und Bläst". Anisöl reiben die Weiber den kleinen Kindern in's Näbelchen ein, wenn diese an Bauchgrimmen leiden.

Erdäpfel (aidepfl, hēōdopfl, grumbiərə, bodəbiərə, kartoffl) werden geschabt auf Brandwunden gelegt. Kartoffelschnitze bindet man bei Fieberhitze oder Kopfweh auf die Stirne, um abzukühlen. Die weißen Kartoffelschoße der Keller gelten für giftig. Ebenso schlecht ist der Ruf des Kartoffelbranntweins, Fusel oder auch Ronge genannt.

Essig (éssé) wird aus Wein oder Bier oder, wie der Volkswitz will, auch aus Hobelspänen und Urin bereitet. Essig und Wasser trinkt man gemischt in Fiebern; Essig wird auch gegen Dickwerden getrunken, man sagt ihm aber nach, daß er dann die Schwindsucht verursache.

Enzian ist ein Magen= und Bauchmittel. Enzianschnaps gilt für besonders gut. Zuweilen bekommt man welchen aus Tyrol.

Felbenwasser (Weidenwasser) ist gut für hitzige Augen.

Feigen in Milch gesotten werden gegen Zahnweh u. Halsweh benützt.

Fenchel wird wie Anis gebraucht.

Gerste, geröstete, dient gegen Bauchweh, eingeklemmte Brüche. Malzthee trinkt man bei Husten. Gerstenangeln (Grannen), welche unversehens in den Hals gerathen, fegt man mit einem ordentlichen Wisch Sauerkraut hinab.

Goldwurz. Diese einem Kranken unter den Kopf gelegt, macht, daß er von heller Stimme zu singen anfängt, falls er „sterblich" ist; kommt er wieder auf, so schweigt er still.

Graswurzeln benützt man zu Thee. Ueber den sympathetischen Gebrauch der Graswasen unten näheres.

Harz. Dasselbe ist wegen der Pflaster in großem Ansehen, kein Pflaster ohne Harz, selten eine Salbe. Das „verborgene Harz", wel=ches an der Sonne aus dem Tannenholz schwitzt, gilt für das beste. Man gebraucht es, um Abscesse u. dgl. zur Eiterung zu bringen. Das „Baumharz" der Zwetschen= und Kirschenbäume wird trotz seiner Schwer=löslichkeit doch eifrig von Buben gesucht und als Hustenlösend verschluckt.

Haselwurz (Asarum) wird bisweilen noch zum Auspuhen des

Körpers nach unten und oben gebraucht. Bisweilen wurde sie zum Kinderabtreiben benützt oder in böslicher Absicht trächtigem Vieh gegeben (um z. v. r. twëorfe⸗t). Gibt man einem Roß, nachdem es „über b'Nacht hat", Haselwurz, welche im März gegraben worden, mit Wachholderbeeren von St. Hieronymustag, so lauft es allen andern vor.

Haselnußrinde, wenn sie noch milchig, zerarbeite und destillire das Wasser, nimmt die Sommerflecke. Die Haselnüsse gelten als Liebesgabe für den Schatz. Nuß ist symbolisch s. v. a. vulva, woher zu verstehen, was Nußaufschlagen bedeutet. Die Haselstaude wird weiter unten nochmals besprochen werden.

Hauswurz. Sie wird auf „Schweinsteigen, Backöfen und Wäschhäuslein" in Hohlziegeln gezogen, indem man einfach einen Kuhfladen hineinsetzt und einen Absprosser der Hauswurz dreinsteckt und grünen läßt. Die Häuser, auf welchen sich Hauslaub befindet, sind vor dem Blitz geschützt. Der Saft des Laubes heilt Flechten (gflëechtər), Wunden, blutendes Zahnfleisch, getrunken macht er weit um die Brust, mit Honig und Eigelb verrührt heilt er offene Geschwüre an heimlichen Orten.

Hexenmehl (Bärlapp) wird bisweilen zum Einsäen der „fratten" Kinder benützt. Er ist jedenfalls passender als Ziegelmehl oder trockenes Lehmpulver.

Hirtentäschlein, mit Wein oder Wasser gesotten wird es nicht mit Unrecht bei Blutflüssen, namentlich der Weiber gerühmt. Namentlich ist sein Kredit beim „Herzfluß" (metrorrhagic) groß, wo das Blut nach der Leute Meinung grabenwegs aus dem Herzen nach unten ausfließt und die Gefahr der „Herzleere" sehr nahe ist.

Heidelbeeren. Dieselben werden mit dem Strähl gepflückt, dienen gegen Durchfall.

Heidnisch Wundkraut ist ein Fistel⸗ und Geschwürmittel.

Hirschzunge hilft von geschwollener Milz und in Leberleiden.

Holder. Die reifen Beeren werden mit Milch zu einem beliebten Mus gekocht, das man warm ißt und wovon man sehr schwarze Mäuler kriegt. Das Mus gilt für absonderlich blutreinigend. Die Blüthendolben werden zu den überaus appetitlich schmeckenden Holderküchlein benützt. Die grüne Rinde spielt in kühlenden Salben eine große Rolle. Der Holderbaum wächst zum Glück gern und schnell, denn neben den alten Weibern sind die Buben sein größter Feind, welche ihn zu den Kreuzlein ihrer Palmen, zu Spritzen und glopsódə zusammenhauen. Das Mark wird mittelst Schuhnägeln zu „Holderhexen" umgeformt, welche bekanntlich immer auf den Kopf stehen, wie man sie auch aufrichten mag. Holderthee wird zum Schwitzen getrunken. Die Hennen sollen auf Genuß der Holderbeeren sterben, ungekocht machen sie beim Menschen Durchfall.

Hagenbutzen (hagəpfluəttərə) geben Kaffee und Brustthee. Die Kinder fassen die rothen Butten an Schnüre, schmücken sich mit den rothen „grallənustr", hängen sie hernach vor das Fenster und verzehren die Butzen mit Appetit, wenn sie „taig" sind.

Haber. Gerösteter Haber wird bei allerlei Grimmen auf den Bauch gelegt.

Heumauzenstock (Viburnum lantana). Die reifen Früchte, welche in rothen Dolden beisammen stehen, werden im Heu über Nacht prächtig „beerschwarz", schmecken dann süß, heißen jetzt: fluigədrëck, heumoutzədə und werden von den Kindern mit Lust gegessen. Die Kinder sammeln sich unterm Heu geheime Vorräthe (mouzədə, mouklədə, mårənëostr) davon an.

Helzenbeeren (prunus padus). Zäpflein von diesem Holz in Thürpfosten geschlagen, machen, daß außerhalb weilende Hexen nicht in's Haus, innerhalb weilende nicht mehr davon gehen können.

Hefe. Bierhefe, besonders Weißbierhefe verwendet man bei Brandwunden, innerlich gegen das hitzige Fieber, wie man auch die Fußsohlen mit Hefen bestreicht, wenn man abkühlen will. Anstatt der Hefe braucht man bei denselben Leiden den Höfel (Sauerteig), namentlich äußerlich zu Umschlägen.

Hopfen braucht man zu Magenthee, als Foment auf ödematöse Beine und Arme, zum Wassertreiben und Schwitzen. Seitdem die Oberländer Bauern selber brauen, wird Hopfen vielfach als Hausmittel benützt.

Huflattich (rosshuf) gesotten, thun gute Dienste bei Lungengeschwüren.

Hennenbarm ist nützlich in der Schwindsucht.

St. Hansenkraut ist ein fürtrefflich Wundkraut. Aus den Blüthen destillirt man an der Sonne ein überaus heilsames Wundöl.

Hysop (zischb) ist eine „sonntigsschmeckat", thut „engbrünstigen" wohl und heilt in Gurgelwässern böse Hälse.

Ingwer (gëələr imbr) ist eine unerläßliche alte Würze in den geschnittenen Nudeln (Nudelsuppe) an der kérrbé (Kirchweih), sein treuer Begleiter ist der nicht minder schön färbende Safran (gaffərə). Beide werden als Stomachica benützt. Der Safran auch bei Ruhr und Blutungen aus den weiblichen Genitalien, ebenso in der Gelbsucht.

Johannisbrob gesotten stillt den Husten.

Johanniskraut auf dem Busen getragen heilt die Gelbsucht.

Ilgenöl, destillirt an der Sonne aus weißen Lilienblättern, ist ein heilsames Wundöl.

Blauilgenwurz dient zur Zauberei, absonderlich zu teuflischen Künsten im kleinen und großen Hexenwerk, bevorab zu Erzeugung eines Humunkulus (Erdmännble).

Judenkirschensamen und Roßstaub Jemand in's Bett gethan, macht daß die Person vor Jücken nicht schlafen kann und immer nach Flöhen und Läusen sucht, auch treiben die Griesen: Harn, Gries, Stein, geronnen Blut und Gelbsucht.

Kaffee. Löbliches kann man von ihm nicht viel sagen, denn er verdrängt die uraltgewohnten kräftigen Habermuse und Suppen. Anstatt Blut zu machen, wie Haber- oder Kornmus (nach dem Spruch:

habərmark macht d'buəbə stark) macht er das ohnedieß blasser wer=
bende Geschlecht noch blasser, nervöser, elender und schwächlicher. So
sehr er als Arznei geschätzt werden muß, so sehr verdient er von ge=
sundheitspfleglichem Standpunkt aus allen Haß, dessen ein Bekümmerer
ums Menschenwohl fähig ist. Er ist wie das Feuerwasser den Roth=
häuten, also den Bleichgesichtern ein Trank des Verderbens, den man
mit schlechter Cichorie (modə̃) womöglich noch unheilbringender macht.
Besser fürwahr, es wäre nie eine Bohne in deutsche Lande gekommen,
als daß wir mit dem giftigen Trank das Elend ganzer Geschlechts=
reihen hineintrinken. Er treibt das Wasser und macht Schweiß.

Kalmus ist ein bewährtes Magenmittel, dämmt Grimmen, treibt
Bläst und Wind.

Kienruß mit Hefbranntwein hilft vom Grimmen und Blähungen.
Kienruß und Krautwasser untereinander getrunken, putzt den Darm
grünblich aus und ist fast in allen Krankheiten gut. Die Holzkohle
wird zum Ablöschen des Wassers benützt, das Kindbetterinnen und
schwere Kranke, besonders Brustleidende trinken.

Klee, mit Wein gekocht, treibt den Harn.

Hasenklee (Sauerklee) ist gut in hitzigen Faulfiebern.

Kohl vulgo Kraut. Das Sauerkraut kommt einen großen Theil
des Jahres, insbesondere den ganzen Winter über fast alle Tage zu
den verschiedensten Speisen auf den Tisch. Ungekocht (raõ̝) genießt
es großen Glauben als wurmtreibendes Mittel. Das „Krautwasser"
gilt als ein fieberwidriges, larirendes und blutreinigendes Mittel. Die
Stengel (kägə, dorsə, dáoschə) werden als wassertreibendes Mittel
vielfach angewendet. Man warnt die Buben, welche viel Dorsen essen,
sie sollen sich in Acht nehmen, daß sie nicht in's Bett pissen.

Knoblauch und Zwiebeln (knobl und zibələ) gelten für
nicht minder kräftige, blutreinigende und wurmtreibende Mittel. Mit
Milch gesotten gibt man sie Kindern. Gebratene Zwiebel braucht man
gegen Hühneraugen, Wurm am Finger; innerlich als Lungenmittel,
äußerlich (an die Fußsohlen gebunden) gegen den blauen Husten
(Keuchhusten).

Klettenwurzeln (gláibrwūzə) werden seit alter Zeit zusammen
mit Brennnesselwurzeln abgesotten zu einem Waschwasser für schwache
Haarböden.

Kresse, siehe Brunnenkresse.

Kümmel (kẽ̝mẽ) wird von den Bäckern zu den sogenannten
Kümmichern verwendet, Kümmichöl gegen Bauchgrimmen auf Zucker
eingenommen.

Kienlin (Quendel) braucht man zu stärkenden Bädern für ein=
zelne Glieder oder den ganzen Menschen.

Korn, unreife Kornähren siedet man mit Schmalz zu Wund=
salben ab.

Kokelskörner (guckələrskẽrn) werden in Pasten zum Fisch=
fang mißbraucht (gucklfang).

Leberkraut wird für das bezeichnete Organ benützt.

Lein, Leinsamen (la~e~sot) wird gleich den Oelzelten zu trockenen Kataplasmen verwendet, besonders bei Verhärtungen. Leinöl nimmt man Löffelvollweise, um sich abzuführen. Werg wird gegen Widergenden, Ueberbeine, Schweinung, Gicht (Zipperle) und Gliederweh (Gelenksrheumatismus) gebraucht. Ebenso sind warme Schneller auf den Bauch gelegt, in allerlei Weiberanliegen gut. Bollensäcklein (mit den zerstoßenen Leinkapseln) dienen Leuten mit Zahnwoch zu Kopfkissen. Frischgeschlagenes Oel wird auch bei Husten gelobt, besonders so lange es noch warm ist. Leinöl aus einer Kirchenampel, das recht alt und schmierig ist, nimmt Warzen weg, besonders wenn man es mit Seseöl (Sesamöl) vermischt.

Liebstöckelkraut wird zur „Betterbstreichet" nebst Wachs, Unschlitt und Glore benützt, die Wurzel treibt das Wasser und wird häufig mit Heuhechel und Peterlingsamen abgekocht.

Lungenkraut wird, wie der Name sagt, in der Lungensucht gebraucht.

Lorbeerblätter nimm so viel, als viel Stunden du schlafen willst, binde die um den Kopf, lege dich auf die linke Seite und du schläfst gerade so lange, als du es haben willst.

Lindenblust gibt einen bekannten Brust- und Schweißthee.

Löwenzahn (milchsteck, pfaffarairlo, bettsäichorno), von Kindern zu Spielzeug, besonders Ketten, abgepflückt, ist milcherzeugend bei Mensch und Vieh, reinigt die Leber, der frische Milchsaft frezt d augofle~mmlo a~ wöogg, die Wurzel abgekocht heilt Magenschwäche und selbst die Auszehrung.

Manna. Mannasäftchen sind in der Kinderpraxis neben den Stuhlzäpfchen aus Seife sehr beliebt.

Mandeln. Bittere Mandeln machen die Weiberzeit aufhören, stärken einen schwachen Magen. Süße Mandeln „stecken".

Meerrettig werden innerlich als blutreinigendes, äußerlich als „Zugpflaster" verwendet.

Meisterwurz in die Hand genommen stillt alten Leuten das Grimmen. Meisterwurz aufgelegt zieht Kugeln und „Schleißen" heraus.

Melisse oder Mutterkraut gibt man bei schwachem „Geblüt" (Periode). Melissensalat (mit Wein und Zucker bereitet) macht sehr angenehme Träume.

Nägelein (Gewürznelken, göossnügolo). Das Oel ist ein beliebtes Parfüm. Neben diesem holt man sich aus den Apotheken als beliebte Parfüme: „nottlewa~ und dreiägst" in zinnernen Balsambüchschen.

Olivenöl, Baumöl, wird Löffelvollweise zum Abführen eingenommen. Kocht man die Gipfel der Brennnesseln, die man vor Sonnenaufgang gesammelt haben muß, mit Baumöl und läßt dies kalt werden, so hat man die Zigeunersalbe, erfrorene Glieder mit ihr beschmiert, werden wieder gut.

Palmchristisaft an die Hände gestrichen macht, daß man glühendes Eisen ohne Schaden tragen kann.

Petersilie (peterling, petərle) werden als wassertreibendes Mittel abgesotten.

Pfeffer bringt do ma~ uffs ross und s.weib in ordəschoss. Spanischer Pfeffer wird zuweilen auf Tanzböden gestreut, damit die Tänzerinnen ihr Wasser nicht mehr halten können. Ganze Pfefferkörner verschluckt man im Wechselfieber.

Pfingstrosen. Die Samen werden den Kindern in Gichtern gegeben.

Rainfarren. Ist ein Wurmmittel.

Raute. Treibt die Weiberzeit. Thut man einem Kranken Rautensaft in die Nase und er nießt, dann kommt er wieder auf, im andern Fall stirbt er. Auch ist dieser Saft in der Pest gut gewesen.

Ringelblume. Alte Weiber brauchen die ringələsalb für offene Füße. Ringeln helfen in der Gelbsucht. Man darf annehmen, daß in dem Haus, dessen Kräutelgarten viel Ringelblumen zeigt, sicher ein Weib mit „bösen Füßen" wohnt.

Rimorien mit Honig und Schwefel auf ein Tüchlein gestrichen und auf die Hand gelegt, macht, daß die Vögel auf die Hand fliegen.

Rettig wirkt blutreinigend. Rettigwasser ist gut für bleichsüchtige Mädchen, Rettigsaft mit Zucker stillt den Husten.

Rheibarbara ist gut bei Verstopfung.

Roggenbrod soll nicht warm genossen werden, der Roggen wächst sonst im Magen aus.

Rosenblätter werden an der Sonne destillirt und von den Mädchen zu Parfümen benützt. Die weißen Rosen laxiren, die rothen stopfen.

Rosmarin, der bekannte vergoldete Stengel, ist ein Hochzeitstrauß. Rosmarinblust in weißem Wein gesotten macht ein sauberes Gesicht. Er ist ein Hauptkopfkraut für Flüsse, Schläge und Schwindel.

Rüben, gelbe, sind ein berühmtes Krebsmittel; innerlich und äußerlich zu gebrauchen. Das Rübenkraut (von weißen Rüben) ist ein Hauptmittel bei verstauchtem Magen, insbesondere nach einer heiteren Nacht.

Roßrippen (Farrenkraut) ist ein Mittel, um sich unsichtbar zu machen; man braucht den Samen zur Bereitung der „Fahrsalbe", mittelst welcher die Hexen ausfahren können. Es erweicht Farrenkraut den Bauch und treibt die Würmer ab.

Safran ist gut in der aufsteigenden Mutter, in der Gelbsucht und gegen Schlag.

Salbei (salvə~) wird in Küchlein gebacken und ist ein blutreinigendes Mittel. Er dämmt heftige Schweiße und nimmt den Schwindel.

Sanikel ist das fürtrefflichste Wundkraut, heilt alle offene Schäden, so bös und so alt sie auch sein mögen.

Saturei (busaiplə) heilt den verschleimten Magen.

Sauerampfer wird von den Knaben häufig auf Wiesen aufgesucht, die jungen Blätter werden roh verzehrt. Ebenso ergeht es seinem süßem Gegenstück, dem Bocksbart (habərmauchəd). Der Ampfer ist gut in hitzigen und faulen Krankheiten. Sein Same treibt die Würmer.

Schafgarbe (růorkrout). Die grünen Blätter werden in Eier eingebacken gegen Durchfall, Ruhr gegeben. Auch gibt man sie gegen heftiges Nasenbluten und Blutspeien.

Schlehendorn (schlaiə). Die Schlehen werden getrocknet „zu Netzwasser" benützt, ähnlich den getrockneten „zippəre- und holzcpfl-schnitz". Das Schlehenblust macht weichen Stuhl und lindert das Seitenstechen.

Schierling macht dem Esel Schlaf, reibt man ihm die Nasenlöcher mit Essig, so wacht er wieder auf.

Schöllkraut ist ein Hauptmittel in Leberkrankheiten, gegen Gelbsucht, der gelbe Saft hellt die Augenflecken auf.

Sevebaum (Sabina) ist der Baum, aus dessen Zweigen die Palmen für den Palmsonntag gemacht werden. Der geweihte Seve wird zu allerlei Medication benützt, namentlich zum Hertreiben der ausgebliebenen Monatsblume. Wozu man den ungeweihten brauchen kann, wissen nur allzu viel schwangere Mädchen.

Sonnenblume. Abgesotten heilt sie den bösen Hals. Das Oel der Körner wird gegen den Grind benützt.

Seidelbast wird zum „oufretzə" allzu schnell zugeheilter offener Füße benützt,

Senf (sampf) um die Verdauung anzuspornen.

Scheesenblust (schêse~ ist anthriscus vulgaris) an der Sonne destillirt und mit Bohnenmehl vermengt auf Sommersprossen (rossmuckə) gestrichen, vertilgt sie. Die zerschnittenen hohlen Stengel fassen die Dorfkinder zu allerlei Kettengewinde und „Nusterwerk".

Spicöl wird in gequetschte Glieder eingerieben, namentlich „wo s flåesch vo~ de~ bo~e~nor gschlagə hätt".

Spargeln treiben Harn und Stein, reinigen Leber und Milz, „was der Herr Pfarrer wohl weiß, drum baut er so fleißig Spargeln."

Stechpalmen schützen vor Donner und Blitz, helfen ab dem Seitenstechen und Grimmen.

Stendelwurz (Bubenschellen) helfen unvermögenden Männern wieder auf's Roß.

Storkenschnabelwurz in Wein gesotten hilft Schwindsüchtigen, treibt den Harn und Stein.

Tabak (dubagg). Ein Absud wird bei Mensch und Vieh gegen alle Gattungen Läuse angewendet. Tabakrauch vertreibt Zahnweh, wird von den Teufelsbannern auch gegen Hexenwerk gebraucht.

Tausendguldenkraut ist ein Hauptmagen- und Milzkraut, heilt auch die Gelbsucht.

Terpentinöl wird in flüssige Glieder eingerieben, auf Wunden geträufelt und im Grimmen eingegeben.

Tormentillwurz macht Schweiß, heilt Bauch- und Blutflüsse.

Veilchen (véila, véigala) sind gut für Hirn, Herz und Brust.
Veilchenwurz (veigala͞swûz) wird Kindern umgehängt, damit sie leichter „zahnen".
Wachholder (Keckholder). Die Beeren (wĕackəldirrəbêrə) werden gegen Blähungen gebraucht, bei ansteckenden Krankheiten gekaut, die Wachholderlatwerge (gsülz) mit Wasser verrührt gegen Husten gebraucht.
Wallwurz, ein Wund-, Stopf- und Bruchmittel.
Wegtritt (und Wegerich) wird gegen Blutspeien gebraucht.
Wegwart treibt den Harn, öffnet die „versteckte" Leber und verstopften Leib.
Wermuth ist gut dem Magen, der Leber, der Milz und tödtet die Würmer.
Wolgemuth am St. Jörgentag gegraben, diesen an einen Baum gehenkt, macht, daß du mit der Hand die Vögel vom Baum herablangen kannst.
Wollblumen dienen zu Brustthee; vrgl. oben.
Weinreben. Der Saft, der aus den Reben trauft, Säufern in Wein gegeben, entleidet ihnen das Saufen.
Wurmsamen nimmt man mit Honig gegen Würmer.
Zimmt kauen Magenleidende.
Zucker als Hustenzucker, Syrup, zuckerhaltige Stoffe, wie Bärendreck, werden gegen Husten gebraucht, häufig werden diese Stoffe mit Milch gekocht.
Zibeben (fluigə) werden in Festbrod gebacken und kranken Kindern verehrt.
Zwetschgen (dürre) mit Aepfel- und Birnenschnitz, dürren Kirschen werden zu Krankenbrühen verkocht, besonders wenn diese viel dürsten und an Verstopfung leiden.
Zwiebeln und Knoblauch in Milch gesotten nimmt man gegen Würmer. Mit Honig lösen sie den Lungenschleim. Auf Aposteme gelegt zeitigen sie solche. Läßt man in einer Papierkette Zwiebeln in der Stube auswachsen, so zieht „dr zibl" alles Gift an sich. Mit Zwiebelschüsselchen heilt man auch Warzen. „ziblschnätterə" (Röhren) schneidet man in Fleischsuppen hinein als wind- und blasttreibenden Zusatz.

Thiere, thierische und menschliche Stoffe als Heilmittel.

Angewendet werden: vom Menschen: Hirn, Thränen, Ohrenschmalz, Augenbutter, Rotz, Speichel, Milch, Urin, Monatblut, alte Eh', Fett, Nägel, Knochen. Von Thieren: das Herz, die Leber, die Galle, der Urin, das Hirn, Fett, Knochen, Zähne, Haut, Haar, Koth; lebende Thiere. — Blut- und Milchkuren mögen bis zu den Blut- und Milchsühnen des Heidenthums zurückreichen (Vrgl. Rochholz in Pfeiffer's Germania VII., 385, ff.)

Vom Speichel (scherzhaft Studentenwichs). Angewendet bei kleinen Wunden. Mit dem Speichel überstreicht die Mutter die Beine des jammernden Kindes, das durch Brennnesseln gelaufen. Die Quabbeln von Flohstichen, der Bienenstich werden ebenso behandelt. Der Morgenspeichel (der nüchterne) ist der beste. Gut ist er für böse Augen, welche zusammenbacken. Der Speichel, den man auf den eben gelassenen Urin spuckt, macht, daß man keine „Wärrle" an den Augen bekommt. Der Speichel Wüthiger, Zorniger oder eines wüthigen Hundes ist das schrecklichste Gift, besonders giftig aber der Speichel eines Menschen, den man zutodt gekitzelt hat. Auf ein Aas, das man am Wege trifft, soll man spucken, damit man nicht räudig wird. Der Käferspeichel an den Weidenzweigen ist gut gegen Warzen. Der Speichel, welcher einem Krankenbesucher im Mund zusammenlauft, ist sehr ungesund, man soll ihn ausspucken. Ueberbeine soll man jeden Morgen mit einer frischen Haselgerte überstreichen und hernach mit nüchternem Speichel einreiben. — Wenn man am Milzhacken (Herzklopfen) leidet, dann soll man ungesehen einen Stein vom Boden heben, ihn dreimal anspucken und ihn wieder an seinen alten Platz legen. — Wenn man Zahnweh hat, spucke man auf die untere Seite eines Kieselsteines, den man am Wege findet, und lege ihn nachher wieder an seinen Ort. (Vth. I. 483.) — Der Krötenspeichel ist sehr giftig; wo die Kröten einen treffen, da schwillt das Glied auf, besonders wenn eine Kröte vorher zornig gemacht worden. Giftig ist ferner der Speichel eines Epileptikers im Anfall. — Den Speichel, welchen man ausspeit, soll man sogleich zertreten, damit ihn kein böser Mensch zur Zauberei benütze. Lebensregel ist, jedweden Speichel überhaupt wie etwas Giftiges zu meiden.

Leim. Leim um den Hals getragen hilft in Mutterkrankheiten. — Aeußerlich wird der Leim zum Zusammenflicken zersägter, zerhackter, zerrissener ꝛc. verwundeter Finger, Zehen und anderer Gliedmassen gebraucht; er ist das gewöhnliche Verklebmittel in Schreinerfamilien.

Wachs. Jungfernwachs gilt für das beste. Alle möglichen Salben und Pflaster enthalten Wachs. Von der Wachskügelchenkur gegen Heiligenweh weiter unten. Die Immenstiche helfen gegen Flüsse. Stirbt der Bauer, sollen seine Leute an alle „Immenbänket" dreimal klopfen, sonst stehen ihm die Immen ab und der Honig macht Durchfall und andere Krankheiten. Honig ist gut bei Halsweh, Husten und Zahn-Geschwür.

Milch. Menschenmilch heilt böse offene Füße, ebenso Schrunden, macht eine schöne weiße Haut. Man glaubt, daß vornehme Frauen ihr Gesicht mit Weibermilch waschen, denn anders könnte ihr Antlitz nicht so schön glänzen. Man weiß, daß es einmal eine Gräfin irgendwo so gemacht hat. Wenn man sein Kind stillt (glauben die Weiber um Königseggwald), bekomme man die Auszehrung! Muttermilch morgens nüchtern in die Augen gespritzt, vertreibt das Triefen der Augen, aber die Mutter muß am Abend vorher gefastet haben. Weibermilch von einer Frau, die ein Knäblein geboren hat, in den Taubenschlag gehängt, macht, daß die Tauben bleiben. Weibermilch heimlich einer Gebärenden zu trinken gegeben, macht diese leicht gebären. Weibermilch hilft Schwindsüchtigen. Weibermilch und Rosenwasser, von beidem gleich viel zu Umschlägen um die Schläfen, vertreibt das Kopfweh. Dieselben Stoffe, überschlagen, machen gesunden Schlaf. — Ein Becherlein Frauenmilch bringt die verlorene Mannheit wieder. Willst du erproben, ob ein Kranker genest oder stirbt, so nimm Weibermilch von einer Wöchnerin, die einen Knaben geboren hat und diesen säugt, lasse von dieser Milch etliche Tropfen in das Wasser des Kranken fallen, sinken sie zu Boden, so stirbt der Kranke, bleiben sie in der Mitte, so muß Patient eine langwierige Krankheit durchmachen, schwimmen sie aber oben, dann wird er seiner Krankheit in Bälde los. — Weibsbildern, die den „rothen König" (hypermenorrhoo) haben, hilft frische Muttermilch. — Milch von einer Hexe, eine Milch, welche aus der Handzwehl gemolken worden, macht den „Gähhunger" und sättiget auch nicht. Ebenso schlimm ist Butter oder Schmalz aus solcher Milch. Diese Milch ist sehr scharf und frezt die Haut auf. An dieser Eigenschaft kann man sie erkennen. Rothe oder blaue Milch, wie man solche von verhexten Kühen milkt, ist schädlich zu trinken, hat man aber unwillkürlich davon genossen, so siede den Rest dieser Milch auf dem Herd, nimm eine Birkenruthe und haue dann tüchtig in die Milch, sobald sie zu sieden anfängt. Jeder Hieb trifft die Hexe und sie wird dir selbst wieder von deinem Gift helfen. — Weibermilch ist gut für Rothlauf an den Füßen. — Man soll ja keine entlehnte Milch genießen, eine fremde Milch soll entweder gebettelt oder gekauft sein.

Hundsmilch ist gut gegen Flechten. Roßmilch, die sehr süß ist, ebenfalls. Diese vertreibt auch Sommersprossen. Leute, die in Stutenmilch baden, werden sehr schön. Das Colostrum der Stuten (die „zipfle" der Euter vor dem Fohlen) gilt für giftig. Schweinemilch hilft denen, die an hartem Stuhlgang leiden; auch ist sie für Schwindsüchtige gut. Roßmilch hilft den Weibern, die am Muttergeschwär leiden oder ihre Zeit nicht haben. Stutenmilch vertreibt den Krebs und den Aussatz. Wer Stutenmilch trinkt, wird sehr stark. Aus der ersten Milch der Kälberkuh macht man den sogen. Pfaffen oder Kühpriester, eine Art Auflauf. Er gilt für gesund. Die gestandene, saure Milch, auch Schlottermilch genannt, wird zur Erfrischung von Fieberkranken gegessen, die saure Brühe (Molke) als wohlfeiles Abführmittel gebraucht. Wird die Schlottermilch auf dem Ofen zu noch stärkerer Gerinnung gebracht, dann bekommt man einerseits die „Knollen", „Knollenmilch", andererseits das „Knollenwasser", welches wie das Schlottermilchwasser gebraucht wird. Die Rührmilch ist ein sehr gutes durstlöschendes Mittel. Rührmilch mit Kienruß führt sehr nett ab. Kräftiger ist Rührmilch, Krautwasser und Kienruß, oder Schlottermilch und Weißbier. — Wenn dich das Röhrlein brennt, nimm warme Milch und henke es drein. — Würmer treibt man ab, indem man Mausöhrlein in frischgemolkener Milch früh morgens trinkt oder indem man 3 Morgen hinter einander nüchtern Roßmilch trinkt. Ist einer Kuh die Milch geronnen, so gibt man ihr von ihrer eigenen Milch zu saufen und sagt zu der Melkerin: fragt dich Jemand, wo hast du die Milch hingethan, so sprich: Nimmerfrau ist da gewesen und ich habe sie gesehen in Namen † † † Amen. — **Saumilch** getrunken hilft in der Gemüthskrankheit, in der Raserei und im Tob. Eine Probe, zu erfahren, ob ein Kranker aufkommt oder stirbt: Mische des Kranken Urin mit Frauenmilch von einer Frau, die einen Knaben säugt, rühre alles wohl unter einander, gerinnt sie, dann kommt der Kranke auf, wenn nicht, so stirbt er. — Gekaufte„n“ Butter sollte man nicht auf's Brod streichen, er sättigt nicht und kann leicht von verhexter „handzwöhlmill“ herkommen. Die Hexen sind aber Nachtmelkerinnen oder Handzwehlmelcherinnen, sie tragen daher als Abzeichen einen Melkkübel auf dem Kopf. — Rothe Milch ist verhexte und muß weggeschüttet werden, hält man Schwalben mit rothen Kehlen im Haus, dann vergeht die rothe Milch wieder.

Blut. Das Blut hingerichteter armer Sünder warm getrunken hilft Fallsüchtigen. Das Blut einer Gebährenden, die den „Herzfluß“ (metrorrhagie) bekommt, soll man derselben zu ein Paar Löffel voll einschütten, es stillt den Fluß. Warzenblut erzeugt wieder Warzen. Katzenblut hilft gegen das Fieber. Man muß nämlich einer schwarzen Katze ein Loch in's Ohr schneiden, von dem Blut 3 Tropfen auf Brod fallen lassen und dieses essen. (Vth. I. 488.) Ochsenblut ist ein heftiges Gift. Warmes Blut über einen unsichtbaren Wehtag fließen lassen heilt denselben. Wer sich in warmem Blute badet, wird sehr schön. Hasenschweiß hilft gegen Rothlauf. Man muß aber einen Hasen am Charfreitag vor Sonnenaufgang schießen, ihn sogleich aufbrechen und in dessen Schweiß ein ungebleichtes Tuch netzen (2 Ellen), daß es ganz naß wird und dieses um das entzündete Glied schlagen. Des Tuches kann man sich nachher noch öfters bedienen. — Blut von einer Eselstute und zwar 3 Tropfen aus dem Ohr, in Erdbeertrank zwei Tage hintereinander ein „Vögele“*) getrunken, gibt die Sprache wieder, welche man durch den Schlag verloren. Eselblut hinter dem Ohr gelassen, mit einem Tuch aufgenetzt und in Brunnenwasser eingeweicht, dieses hernach getrunken macht tapfer und vertreibt die Gespensterfurcht. — Wenn man die Augen mit Fledermausblut bestreicht, so sieht man bei Nacht so gut wie am Tag. — Menstrualblut ist Gift. Weiber haben damit schon öfters ihren Männern vergeben. Wo dieses Blut hinfällt, wächst kein Gras mehr. Wer einem Weibe beiwohnt, das seine Zeit hat, bekommt einen Tripper. Wem man von diesem Blut in's Trinken thut, dem ist der Nachlauf angethan. Zum Schmiden allzeit siegreicher Waffen braucht man jungfräuliches Menstruum und das Hemb einer Jungfrau, in dem sie ihre Zeit gehabt hat. — Ein Wassersüchtiger soll am rechten Arm Ader lassen, das Blut in ein ausgeblasenes Ei thun und dieses in den Mist vergraben, daß es verfault. — Gedörrtes Taubenblut geschnupft hilft

---

*) Der achte Theil eines württembergischen Schoppens.

gegen das Nasenbluten. — Gegen Nasenbluten hilft ungekochtes Sauerkraut in die Hand zu nehmen bis es warm wird, dann läßt das Bluten nach. — Wer viel aus der Nase blutet, soll rothe Seide opfern. — Mauskorn (Phönix) in braunrothe Seide genäht und angehängt stillt Blutungen.

Koth. Menschenkoth gilt bei gerissenen Wunden für sehr gesund. (Vth. I. 487.) Hennendreck mit Hefbranntwein und Ruß hilft gegen Bauchgrimmen. Mausdreck führt ab, drei böllala in einem Löffel voll Brühe. Kühkoth hilft im Rothlauf. Katzendreck mit Essig dient zum Wegätzen der Haare. Roßbollen mit Essig verrührt und damit gegurgelt hilft in der Halsbräune. Frischer Katzendreck verschluckt zieht einen verschluckten Dorn aus dem Hals. Gansdreck hilft von der Gelbsucht. Weichen weißen Hennendreck über eine giftige Bißwunde geschlagen (7 bis 9 mal) hilft. Gegen Abweichen helfen Roßbollen in Brunnenwasser eingebeißt und darab getrunken. Hundsdreck mit Rosenöl hilft gegen Schrunden am Hintern. Katzendreck und Essig hilft gegen Kopfweh. Katzendreck und Rosenöl stillt allzu starke Weiberzeit. Gebranntes Wasser von Kuhdreck hilft von Wind und Blästen, der Koth muß aber entweder im Maien oder im Dreißgnist gesammelt worden sein. Gansdreck mit Erbsenbrüh eingenommen purgirt sehr angenehm. Der allerweißeste Hennendreck hilft gegen das kalte Fieber. Taubendreck in eine offene Fistel gestreut heilt sie. Schweinskoth, von Schweinen, welche man mästet, auf dickes Kartenpapier gestrichen und auf den Schaden gelegt, stillt das Gliedwasser. Roßmist von einem Roß, das immer Haber frißt, in rothem Wein gesotten, gibt einen guten Mundtrank. Kühkoth zu Pulver gebrannt und auf erfrorene Glieder gestreut, das Glied hernach mit warmem Kuhdreck zugebunden, heilt den Schaden. Umschläge von Gänskoth heilen den Krattel, d. h. eine Zellgewebsentzündung um den Daumen und den Zeigefinger, welche diese Finger eine „Krattel" machen läßt. Man heißt aber auch einen Krampf dieser Finger so. Warmer Schafsmist, auf den Krebs („Gott b'hüt üs dervor") gelegt, heilt ihn. Frischer Hennendreck, den man an die Nase schmiert, heilt die Hitzblätterlein (herpes) an derselben. — Wenn sich ein Pferd immer reibt und nicht angebunden bleiben will, dann schmiere man seine Zügel mit Schweinskoth, es bleibt stehen. — Wenn ein Pferd in etwas getreten ist, dann binde man warmen Gansdreck auf die Wunde, es hilft.

Schweiß. Gegen das Handschwitzen (was nicht erlaubt, Uhrmacher zu werden) fahre mit den Händen über das Gesicht eines Todten hinab, das hilft. (Vth. I. 487.)

Gegen Halsweh. Man binde ungewaschene Strümpfe, welche man ungefähr 4 Wochen über die Schwitzzeit (Sommer) getragen hat, um den Hals, es hilft. — Schwitzt ein Kranker an der Stirne, so soll man den Schweiß mit Brob abwischen und das Brob einem Hund zu fressen geben; frißt es der Hund, dann wird der Kranke wieder gesund, frißt er es nicht, dann stirbt der Kranke. (Vth. I. 494.)

Urin. „s wassər". s⸱lich. natur. Ist ein Ehemann durch Zauber unvermögend geworden, so soll er mit der Daumen= und Zeigefingerspitze einen Ring bilden und durch denselben brunzen, oder 3 Morgen nach einander sein Wasser durch den Trauring lassen, aber in den 3 höchsten Namen. Menschenharn ist besonders für geschnittene Wunden heilsam. — Gegen das 4tägige Fieber hilft, wenn der Kranke seinen Urin während eines Fieberanfalles läßt, denselben mit Mehl zu einem Laib Brod verbackt und dieses Brod, wenn Patient ein Mann ist, einem „Bracken", wenn es aber ein Weib ist, einer „Faitsch" zu fressen gibt. — Will man wissen, ob ein Kranker mit dem Leben davon kommt oder nicht, so weiche in des Patienten Wasser 24 Stunden lang Brennnesseln ein, bleiben sie grün, dann geräth er wieder, werden sie schwarz, dann stirbt er. — Die Harnblase nebst Harn von einer Wildsau nebst gleich viel Schmeer aus der Sau destillire, und schmiere damit schwindende Glieder, es hilft wider die Schweinung. — Am hl. Tag zu Weihnachten, Nachts 12 Uhr muß man den Pferden Haber zu fressen geben, welcher in der vorigen Nacht in Menschenurin eingeweicht worden, so bleiben die Pferde das nächste Jahr vom Strengel frei. — Wer sich mit seinem Wasser wascht, bekommt ein helles, sauberes Gesicht, der Urin vertreibt Roßmücken (Sommerflecke) und Muttermäler. — Jungfrauenharn hilft Augenleidenden.*) — Das Wasser einer unkeuschen Person macht Brennnesseln bald verdorren. — Geißenharn, getrunken, bringt die Weiberzeit. — Den eigenen Urin etliche Tage hinter einander getrunken bringt in der Wassersucht Hilfe. Ebenso heilsam ist dies in der Gelbsucht. — Das sperma virile wird zur Zauberei, zur Bereitung der Hexensalbe, besonders der Fahrsalbe gebraucht. — Die Geilen der Hirsche, die Ruthe desselben, Hirschbrunst, Bibergeil, Hägehoden werden zur Erweckung der Geilheit genommen. — Wem die Mannheit genommen ist, der nehme ein Ei von einer schwarzen Henne oder von einer ganz weißen warm hinweg, harne darüber hinab in ein neues unglasirtes Häfele hinein, dann laß das Ei im Urin sieden bis auf die Hälfte des Urins, alsbann wirf den Urin abwärts in ein fließendes Wasser, das Ei aber grabe in einen Klemmerhaufen, öffne es ein wenig, daß die Klemmer davon fressen können. — Sind beide Theile, Mann und Weib, verhext, dann nimm Herz und Leber eines Hechtes, lege sie auf glühende Kohlen und lasse den Rauch an die Geschlechtstheile gehen. — Sauerampfersamen als Amulet getragen verhütet unfreiwilligen Samenabgang.

Fette. Schmalze. Schmotz. Schmeer. In der Apotheke wird verlangt: Bären=, Enten=, Bocks=, Schlangen=, Eggeißen=, Eschen=, Roigel=, Fuchs=, Igel=, Dachs=, Marder=, Gans=, Hunds=, Hasen=, Ottern=, Reh=, Hirsch=, Hecht=, Krotten=, Hexen=, Armensünder=Schmalz. — Armensünderschmalz hilft gegen das fallende Weh. — Löwenschmalz und Rosenöl machen ein klares Gesicht. — Hundsschmalz hilft Schwind=

---

*) Das wußten schon die alten Aegypter.

süchtigen (ebenso Hundefleisch), ferner hilft Hundsschmalz gegen Sommersprossen. — Bärenschmalz verhütet das Ausfallen der Haare und heilt den Glatzkopf. — Eicher- (Eichhörnchen-) Schmalz in die Schläfen geschmiert macht Schlaf; dasselbe thut Fledermausschmalz. — Kapaunenschmalz und Gaißenschmalz dem Kind in's Herzgrüble geschmiert hilft gegen Engbrünstigkeit (Engbrüstigkeit). Dasselbe thut Hirschunschlitt oder Hasenschmalz oder Hechtschmalz, wenn man diese dem Kind in den Rückgrat schmiert, oder in's Herzgrüble und auf die Fußsohlen. — Schneiderschmalz (die Libellen heißen Schneider und Nähterinnen) in den Nabel geschmiert hilft gegen das Grimmen. — Dachsschmalz hilft in der Schweine der Glieder. — Alle möglichen Geschwülste heilt eine Mischung von Bärenschmalz, Hundsschmalz, Taubendreck und dem Markeiner Rehgaiß. — Menschenschmalz, Dachsschmalz und altes Eisbärenschmeer (je älter, desto besser) sind gut gegen die Schweinung der Glieder. — Hennenschmalz, Entenschmalz und (Butter-) Schmalz mit Safran zu einer Salbe gemacht, heilt das Seitenstechen. — Gegen böse Näbel der Kinder hilft: Kapaunenschmalz, schmiere es auf einen rothseidenen Fleck und lege diesen auf das Uebel. — Marderkoth mit Zucker (für 2 kr.) verrieben und eingegeben, macht, daß viele Winde abgehen. — Das fest gewordene Schmalz auf der Brühe, welche man vom gesottenen geräucherten Speck abseits stellt, ist eine vortreffliche Salbe gegen Riß und Läuse bei Mensch und Vieh. — Schweinschmeer, namentlich aber der Saunabel (je älter, desto besser) ist vorzüglich in gerissenen und gestochenen Wunden. — Das merkwürdigste Fett ist die „alt üb", d. h. Leichenfett aus Gräbern; in der Apotheke gibt man dafür freilich nur Wallrath her; es ist gut in Blutungen und offenen Wunden. — Ohrenschmalz in die Augen gestrichen heilt blöde Augen. — Kräftige Fette sind auch bei alten Leiden: „altöl und uraltöl", was das aber ist, habe ich bis jetzt nicht erfragen können.

Die Thiere und deren Eingeweide ꝛc.

Katze. Ein Katzenbalg auf der Brust getragen heilt Magenleiden aller Art. Nimm den Kopf einer schwarzen Katze, verbrenne ihn in einem neuen Hafen zu Pulver und blase dieses Pulver in böse Augen, so du hast, das hilft. Schmerzt es, dann lege nasses Eichenlaub auf die Augen. — Katzenblut siehe unter Blut. — Katzenkoth siehe unter Koth. — Katzenhaare gelten für sehr giftig. Zehrt Jemand ab und kann sich die Sache nicht erklären warum, dann heißt es: der hat gewiß ein Katzenhaar im Essen vertwischt. — Katzen soll man nicht bei kleinen Kindern allein lassen, die Katzen halten die schlagenden Adern am Hals der Kinder für Mäuse und beißen sie durch, daß das Kind sterben muß. — Gegen Warzen: Man binde einer Katze an jeden Fuß eine aufgeblasene „Saublater", mit der man die Warzen geschmiert hat, und lasse die Katze zum „Glockenladen" (des Dorfthurms) hinausrennen, sie wird in der Luft in's Unsichtbare sich versteigen.

Hund. Hundsschmalz, siehe dieses; Hundefleisch eben dort. —

Hundsunschlitt ist gut für Räudige. — Wer das Herz eines Hundes auf der linken Seite trägt, vor dem verstummen alle Hunde. — Wer die getrocknete vulva oder die getrockneten „Rosen" einer Hündin bei sich trägt, dem laufen alle Hunde nach. — Wer ein gutes Hündlein aufziehen will, der nehme das, welches die Hündin zuletzt wirft (s. nämäisele oder nöɜtquäckle), oder das, welches die Hündin zuerst in's Maul nimmt und in ein anderes Nest trägt, oder das, welches zuletzt sehend wird. — Bösen Hunden gibt man das Herz von einem Hasen und Wiesel, sie bellen dann Zeitlebens nimmer. — Auf einen Hundsbiß binde Haar von dem Hund, der gebissen hat.

Hase. Wenn man die Leber von einem Hasen der Frau unter das Kopfkissen legt und ihren Namen auf das Leintuch schreibt, das man dazu legt, hernach die Frau fragt was man will, wird sie alles sagen, was sie weiß. — Gibt man Jemand Hasengalle in Wein zu trinken, so muß die Person schlafen. — Hasenblut, siehe Blut. — Drachenblut und Hasenhaar sind eine gute Blutstillung. — Wer von Hasengalle schläft, den wecke man durch einen Trunk Saumilch. — Kindern, welche schwer zahnen, soll man die zah⁓billɜ mit Wein schmieren, in welchem Hasenhirn gesotten worden.

Rind. Gegen das Lungenaufsteigen nimm die Lunge von einem Säugkalb, hacke sie klein, brenn' sie mit Lungenkraut und Salbei, das gibt den heilsamen Trank. — Kuhkoth, siehe oben. — Als Gegengift, so dir vergeben wäre, nimm Eichhorn, Rindsklauen und gebrannt Hirschhorn mit gefeiltem ungarischen Gold. — Wenn man die Leber eines Ochsen mit weißem Klebersamen siedet und es an einen Ort streut, wo sich Vögel aufhalten, so kann man diese mit der Hand fangen, wenn sie davon fressen. — Wenn man die Hände mit Arsenik, Alaun und Ochsengalle schmiert, so kann man glühend Eisen anrühren; schmiert man dies an die Füße, kann man über glühend Eisen weglaufen, ohne Schaden zu nehmen. — Auf Drüsen, Beulen, Geschwüre soll man gebrannten Mist von einem unverschnittenen Farren legen. — Wenn eine Kuh oft „vertwirft", so gib ihr von einem gebrannten unzeitigen Kalbskopf im Futter. — Soll eine Kuh rindern, so schabe an einem Freitag etwas Kupfer aus einer alten Pfanne und gib ihr das mit Salz zu fressen. — Kuttelwasser, mit dem man die Füße „recher" Pferde wascht, heilt dieselben und macht sie wieder „gleichig".

Roß. Eine Frau mit Roßschmalz von unten hinauf räuchern, treibt die todte Geburt fort und macht sie wieder bärhaft. — Eine Abkochung von Huffspänen hilft solchen, die an Schmerzen der heimlichen Orte leiden. — Gebrannter Roßhuf von einem Roß mit Oel zu einer Salbe gemacht und den Kropf fleißig damit bestrichen, hilft. — Vom Roßmist siehe oben. — Roßkrankheiten: Unterweiche. Schweining. Rißigsein. Dampf. Lauterstall. Frörer. Gliederweh. Sparren. Kolber. Hundskrampf. Vertwerfen. Ausleibung. Awoaht. Frosch. Reche. — Daß ein Pferd nicht am kalten Brand stirbt, nimm ein Roßherz, das an dieser Krankheit gestorben, und gib das gepulvert ein. —

Ist ein Roß „stettig," so stiehl einer Pfarrersköchin ein Messer, laß Sporen davon machen, mit diesen Sporen wirst du es zwingen. — Von einem Rappen den Mist (einen Bollen) in Wein mit Safran gesotten, hilft gegen das Grimmen. Es ist dieser Trank auch gut in der Gelbsucht.

Wolf. Wolfszahnpulver hilft gegen Schwindel. — Wenn man junge Wölfe haben kann, dann binde man sie zerstückt einem Narren um den Kopf, es macht ihn wieder gescheit. — Wer das rechte Auge eines Wolfes bei sich trägt, dem kann nichts Unrechtes passiren. — Wer einen Wolfszahn im Sack hat, wird im Laufen nie müde. — Wer Wolfshaare bei sich trägt, dem kann kein Dieb ans Eigenthum. — Die Wölfe sind im Diebssegen, daß man stehen bleiben muß. Für die Ruhr: trinke durch einen Wolfsdarm die Brühe von einer gesottenen Haselmaus und der Leib schließt sich.

Schwein. Von Schweinmist, Schweinmilch oben. Soll ein Pferd nie müde werden, so gib deinem Gaul die Milz eines Fährlins (Ferkels) zu fressen, und reibe seine Füße mit Ameisensalbe. — Schleim aus Schweinsdärmen gepulvert und in den Schaden gestreut heilt Fisteln. — Ein Schleißen vom Sautrog, da wo das Schwein seinen Hals fegt, hilft gegen Augenwären (hordeola), wenn man sie nämlich damit mehrmals überfährt (Pth. I. 481.) Das Felsenbein des Schweines hat die Gestalt eines Todtenkopfes, diesen Theil läßt man sich weghauen und trägt ihn gegen das Zahnweh um den Hals.

Esel. Eselhaar von der Gegend der Ruthe eingegeben, macht heftige Wind und Bläst. Dasselbe thut gedörrte Fuchsleber. Gibt man Jemand solche zu schnupfen, so wird er nießen und in die Hosen machen in einem Odem. Eine Messerspitze voll Fuchsleberpulver, andere sagen Fuchslungenpulver in ein Glas Wein gethan, macht, daß der, welcher es trinkt, nach oben und unten unwillkürlich „wirst". Im Schwarzwald war ein Gerichtsdiener, der seine Bauern im „Parterstüble" fleißig schnupfen ließ.

Igel. Man verbrennt einen lebenden Igel zu Asche und gibt das Pulver mit Lungenkraut einem Pferd, das innen faul werden will, es hilft.

Wiesel. Wieselblut hilft Kropfigen.

Hirsch. Es sollte Jedermann etwas vom Hirsch im Trinkgeschirr haben. Der Reiche z. E. ein Hirschkreuzlein, das der Hirsch im Herz hat, der Arme aber etwas von einem Hirschhorn eines brünstigen Hirsches. — Das Mark einer Hirschkuh in warmem Bier getrunken, ist gut für Fallsüchtige. — Hirschunschlitt macht die Geschlechtstheile groß.

Maulwurf. Siedet man einen Maulwurf in Blut oder Wasser, beschmiert eine Stelle, wo man andere Haare haben will, so fallen diese aus und es kommen andere. Wenn man den Fuß eines Maulwurfs in ein Lorbeerblatt wickelt und einem Pferd ins Ohr setzt, dann wird es vor Furcht fliehen, in einem Vogelnest aber wird jener Fuß machen, daß kein Junges ausgebrütet wird. Für den Wurm bei Mensch und

Roß: gebrannten Maulwurf mit Wein oder Essig angemacht zu einem Pflaster, auf ein Tüchlein gestrichen und überschlagen, hilft. — Wenn ein Kind vor dem siebenten Jahre einen Maulwurf so lange in der Hand hält, bis er stirbt, so kann es mit dieser Hand den Wurm am Finger heilen. Dasselbe vermag ein Kind, welches während seiner Taufe einen Engerling in der Hand hielt. (Vth. I. 488).

Eichhorn. Wenn man die Klauen eines Eichhorns verbrennt und einem Gaul futtert, so frißt er nicht wieder. — Eichhornschmalz siehe oben. Eichhörnlein soll man meiden zu essen, man bekommt gern das fallende Weh davon.

Gemse. Wer einen Gemsenstein bei sich trägt, kann, ohne schwindelig (tremmlig) zu werden, die höchsten Thürme, Felsen ꝛc. erklimmen.

Dachs. Wer einen Dachsfuß bei sich trägt, bleibt immer guter Dinge, überwindet alles und geht ihm alles gut von statten.

Meerschweine (mêrscilə) sollen Epileptiker im Zimmer halten, dann verlieren sie das fallige Weh.

Siliocus marinus (vulgo stenzo mari̅) gilt als allbekanntes Aphrodisiacum. Es wird jetzt noch häufig in den Apotheken verlangt.

Fuchs. Verbrenne einen ganzen Fuchskopf, lege grüne Eidechsenköpfe in Leinöl und mache mit diesem Oel jenes Pulver an, wo du die Salbe hinschmierst, wird Haar wachsen. — Gegen das Herzklopfen hilft Fuchslungen, Wolfsleber mit Nelken und Zucker zu Pulver gemacht und davon eingenommen. — Fuchsleber siehe oben.

Gaiß. Gaißengalle an die Augen gestrichen, schärft das Gesicht.

Bock. Ein schwarzer oder mit schwarzem Kreuz gezeichneter Bock im Stall gehalten, vertreibt alle Unholde. Wem man ein Bockshorn unter das Haupt legt, der erwacht nicht so leicht, aber er träumt schwer. — Nimm die Milz von einem jungen Geißlein, siede sie wie ein anderes Fleisch, genieße das, es macht sanft harnen, wie nicht leicht ein anderes Mittel. — Frische Geißenfelle über Aißen oder Wunden gelegt, heilt sie. — Gebrannte Geißenklauen mit Pech auf den Grind geschmiert, heilt ihn. — Bocksgalle an die Geschlechtstheile geschmiert, macht tapfer in Venere.

Elend. Für die Fallsucht: laß dir die Brust mit Elendsklauen aufreißen, daß Blut herausläuft, und laß dir deines Helfers linke Hand zwei Stunden unter den Kopf legen.

Maus. Wenn man einer lebenden Maus den Kopf abbeißt und diesen einem Kind an den Hals hängt, jedoch ohne einen Knopf in den Faden oder das Band zu machen, so zahnt das Kind leicht, auch ist es überhaupt gegen Zahnweh (Vth. I. 483). Ausgerissene Zähne wirft man rücklings über sich weg, sagend: sẽ.méisle hâst du dẽs zah̅, setzmər dərf̅r anandrə na̅.

Fledermaus. Wer ein Fledermausherz im Sack trägt, hat immer Glück im Spiel und kann sich unsichtbar machen. — Wenn du heimlich einen Fledermauskopf bei dir trägst, wirst du niemals einschlafen. — Gepulverte Fledermäuse dem Vieh eingegeben, machen viel und gute Milch.

Schwalben. Für die fallende Sucht: Nimm von der ersten Zucht der jungen Schwalben, schneide dieselben lebendig auf, in ihren Mägen findet man zwei Steinlein, das eine ist einfarbig, das andere aber verschiedenfarbig, dieß Steinlein in ein Stückchen Kalbs- oder Rehfell genäht und um den Hals getragen, hilft. NB. Die Schwalben müssen vor dem Vollmond ausgenommen werden. — Das geschossene oder herabgefallene Zäpflein kurirt man mit einer Salbe aus 12 lebendig zerstoßenen blutten jungen Schwalben und Schwalbendreck. — Gepulverte Schwalbennester auf bösartige Geschwüre gestreut, bringt sie zum Heilen. — Gesottene Schwalbennester sind gut für die Klauenfäule beim Rindvieh. — Gegen das Halsweh, stoß ein Schwalbennest, siede es mit Wein und mache Breiumschläge um den Hals. — Gegen den waihtag (epilepsie): Nimm eine junge Schwalbe aus dem Nest im zunehmenden Mond, schneide ihr den Kopf ab, laß das Blut in $1/2$ Loth Weihrauch fallen, mache eine Salbe und gib davon dem Kranken im abnehmenden Mond drei Tage hintereinander je ein Viertheil ein.

Wer einen **Kreuzvogel** in seinem Hause hält, dem schlägt das Wetter nicht ins Haus, kann Krankheit und Tod nichts anhaben, aber es muß ein „rechter" sein, d. h. ein solcher, dessen Oberschnabel nach rechts gerichtet ist. Bekommt dein Kind die Gichter, so laß es aus demselben Gefäß trinken, aus dem sonst der Vogel sauft, so wird das Kind genesen. Ueber den Kreuzvogel geht kein Thier, der ist über Schwalben und Störche.

Hennen. Hahn. Die Gelbsucht kurirt man, wenn man das Gelbe von den Hennenfüßen und das gelbe Häutlein im Magen derselben dörrt und stößt und davon in Wermuthessenz gibt. — Hennenschmalz hilft gegen die „Bläterlein" auf den Augen.

Hahn. Jage einen alten rothen Hahnen todt oder wenigstens todtmüd, stich ihn und laß ihn, wenn er ausgeweidet ist, gründlich sieden mit Engelsüß, die Brühe hilft solchen, die an Grimmen, Blästen u. dgl. leiden. — Wenn man einem Narren einen eben geschlachteten Hahnen warm auf den Kopf bindet, so kommt er wieder zu Vernunft. — Will man Jemand den Nachlauf anthun, so gibt man der Person die Zunge von einem jungen Hahn zu essen. (Vth. I. 478).

Rebhuhn. Rebhuhngalle Morgens und Abends an die Schläfe geschmiert, stärkt das Gedächtniß.

Taube. Nimm eine junge blutte Taube aus dem Nest, lege sie dem Gelbsüchtigen auf die Brust, und laß sie so lang liegen, bis sie stirbt, dann ist dem Kranken geholfen. — Triefaugen heilen, wenn man von dem Blut, das der „Kauter" unter dem rechten Flügel hat, auf die Augen schmiert. Viel Taubenfleisch macht das Zipperlein. (Vth. I. 497).

Specht. Ein verhexter Mensch kann sich entzaubern, wenn er auf einmal einen Specht ißt, sich mit einem pulverisirten Menschenzahn räuchert und sich mit Rabengalle schmiert.

Rabe. Siehe Specht, Hecht.

Pfau. Pfauengalle heilt Triefaugen.

Geier. Geierfedern einer Gebärenden unter die Füße gelegt, macht sie schnell gebären.

Adler. Gepulvertes Adlerhirn hebt die Verstopfung der Pferde. Menschen macht es zanksüchtig und kühn.

Bussard. Wenn man das Herz und den rechten Fuß eines Bussard auf einen Schlafenden legt, so sagt er alles, was er gethan hat. — Dr beckəsi~, riədmäckələr, d. habərgàiss, riədgàiss, Fleisch von diesem Vogel macht wahnsinnig, man hält diesen Vogel für den Teufel selbst.

Eule. Wenn man einer Eule bei lebendigem Leibe das Herz ausschneidet, dieses mit den 3 längsten Federn des rechten Flügels dörrt und dann an den rechten Arm bindet, so kann man schießen, was man will.

Widhopf. Wenn man einem Vogel von dem Pulver eines gebrannten Widhopfen unter dem Futter zu fressen gibt, so fliegt er nicht mehr davon.

Storche. Ein Mensch, der den Wehetag hat, soll ein Storchenherz essen, er wird von Stund an nicht mehr fallen. — Ein Storchennest auf dem Haus ist ein wahres Glück; man soll ein gebetteltes Rad auf das Kamin thun, darauf der Storch bauen kann. Bei einem Ehebrecher bleiben sie nicht auf dem Dach. — Was Adam Lonicerus von den Storchengerichten, besonders ihren Ehegerichten erzählt, ist noch heute allgemeiner Volksglaube.

Eidechse (eggàiss). Wer von dem Oel trinkt, in welchem eine gesprenkelte Eidechse ersoffen ist, der wird voller Läuse. Dasselbe soll geschehen, wenn man rohe Kastanien ißt.

Schlange. Gegen das Wundfieber nimm eine Schlangenhaut, wie man sie abgestreift im Felde findet, stoße sie zu Pulver und streue das in die Wunde, es hilft in geschossenen, gestochenen und gehauenen Wunden.

Frosch Lebendige Frösche in Baumöl gesotten und damit erfrorene Glieder geschmiert, heilt sie. — Froschschenkel und besonders die Brühe davon sind ein ebenso zweckmäßiges, wie beliebtes Krankenessen. — Ein Laubfrosch lebendig auf beide Seiten über die Nierengegend gebunden, macht, daß in der Wassersucht das Wasser häufig abgeht. — Die Asche von einem großen Frosch stillt den Fluß der Frauen; mit Wasser vermischt und an irgend eine haarige Stelle geschmiert, macht sie die Haare ausgehen. — Wenn man ein Froschherz mit Hundszunge (Kraut) an einem bestimmten Ort des Dorfes niederlegt, werden sich dort bald alle Hunde des Ortes versammeln. Hängst du aber jenes Kraut an den Hals eines Hundes, so wird er immer im Ring herumlaufen. — Fange im Maien oder zwischen den zwei Frauentagen große grüne Frösche, dörre und stoße diese und gib davon in rothem Wein mit etwas Granatapfelschelfen und Menschenblut, so stillst du mit diesem Trank jegliche Blutung. — Gegen den Krebs der Weiberbrust hilft, wenn man eine lebendige Kröte darauf bindet, bis sie verreckt. *Cleopatra*

Man muß aber vorher ein Kreuz über sie machen. — Die Kröten ziehen alles Giftige an sich, besonders die Dreißgnistkröten, weßwegen man sie gern in Ställen aufhängt.

Krebse. Die Brühe von drei lebendig zerstoßenen Krebsen einer Frau eingegeben, treibt das „Nachwesen" von ihr. — Wenn ein Pferd in etwas getreten ist, dann zerstoßt man einen lebendigen Krebs, mischt das mit Hasenschmalz und bindet die Salbe auf den Schaden. — Zerstoße Krebse, schlage den Saft um die heimlichen Orte, wenn sie schmerzen, so wird dir geholfen.

Schnecken. Wenn man sich mit zerstoßenen Schneckenhäuschen, Salz und Wasser gurgelt, hilft es dem hinabgefallenen Zäpflein. — Die schwarze Wegschnecke (Judenschnecke) hilft von Warzen, wenn man dieselben mit der Schnecke schmiert oder die Schnecke mit den Warzen in Berührung bringt und dann grade wieder so auf den Boden legt, wie man sie vom Boden aufgehoben hat. Ebenso hilft sie gegen Sommersprossen (kuhpflätt.r. dupfe. rossmucks). Hat Jemand einen großen Schneckenappetit, dann neckt man diese Person: wenn die schnëoko nu‾ z.nácht it kreiset (auskriechen), eine obscöne Anspielung auf deren Wirkung..

Hecht. Der Hecht hat das Leiden Christi im Kopf (siehe Vth. I. 254). Gegen Haarmilben hilft eine Salbe aus Hechtgalle und Hechtschmalz, man muß mit dieser die Kämme schmieren. — Hechtkiefer hilft gegen das „Herzgesperr" der Kinder. — hëozg.spérr = asthma. — Gegen Blähungen: nimm 5 bis 6 Hechtaugen und ebensoviel Krebsaugen und etwas Agtstein, gib das als Pulver ein.

Aal, siehe Forelle. Läßt man einen Aal in Wein absterben und gibt diesen Wein einem Säufer zu trinken, dann verleidet ihm das Trinken.

Forelle. Forellengalle, Aalgalle, Hasengalle und Rabengalle mit Branntwein in einem verschlossenen Hafen gesotten, hilft den Schwerhörigen.

Häring. Von der Wassersucht helfen zwei Häringe; wenn man sie nämlich am Bauch aufschneidet, in die Breite von einander biegt und dem Kranken an die Fußsohlen bindet und zwar täglich am Abend und Morgen; so oft man die Häringe abnimmt, gräbt man sie in die Erde.

Schleie. Nimm eine lebendige Schleie, binde die dem Kranken auf den Magen, das hilft in der Gelbsucht.

Wanzen. Vertreibt man, indem man brasilianischen Pfeffer mit Mährenseich siedet, die Brühe aber in die Klemsen der Bettstellen streicht oder wenn man neun Wanzen von dem Ort, wo sie sich aufgehalten, wegnimmt, in ein Schächtelein sperrt und dieses unbeschrieen zu einer Leiche in den Todtenbaum legt, daß die Wanzen mit begraben werden — r kommet drum, wie dr Galle um dǝ hëndschǝ, sagte der Mann.

Spinne. Gegen das kalte Fieber hilft, wenn man eine Kreuzspinne (spenǝwett) mit Handschuhen oder mittelst eines Schächteleins fängt, diese in das Schächtele sperrt, dasselbe in ein leinenes Blätzle mit Kampfer für zwei Kreuzer einwickelt, und das Ganze so um den Hals hängt, daß es den Rücken hinab hängt; im abnehmenden Mond lasse alles 8 Tage lang hangen, und wirf es hernach in ein fließendes Wasser.

Grille. Zirpt eine Grille hinter dem Ofen, dann muß bald Jemand aus der Familie sterben. Andere halten sie für ein „Glückszifer".

Ameisen. In der Mitte der Ameisenhaufen befindet sich eine schwarze Kugel, mit dieser bestreicht und reibt man das Vieh, welches man bald verkaufen will, man wird sich wundern, wie sich die Käufer um das Stück reißen. — Wenn man Ameisen zerstampft und in Wasser eingibt, muß man darauf viel Wind lassen. — Nimm eine Flasche voll lauteren guten Wein, versiegle dieselbe und setze sie am grünen Donnerstag in einen Ameisenhaufen, lasse solche das ganze Jahr hindurch stehen, nimm sie am kommenden Charfreitag wieder heraus und trink von diesem Wein alle Morgen ein Glas voll, du wirst dich verwundern, wie du stark wirst.

Kelleresen. Gegen den Krattel hilft, wenn man einen Kelleresel darauf bindet und wenn er stirbt einen andern an seine Stelle thut. Es hilft gewiß. Ebenso helfen sie gegen den blās buosta (Keuchhusten).

Meerschwamm. Wenn man einen großen neuen Meerschwamm in siebig heißen Essig legt, ihn sodann auspreßt und warm auf den Magen legt bis er erkaltet, dann hilft es vom Magenweh. —

Wurm. Würmer vertreibt man mit Zwiebel oder Knoblauch, die man in Milch siedet und wovon man die Brühe trinkt; oder man ißt frisches Sauerkraut, oder man trinkt Krautwasser, oder nimmt Wurmsamen mit Latwerge (Roob Juniperi), oder nimm Pulver von einem zu Aschen gebrannten Wurm, der von einem Menschen abgegangen ist, oder siede Mausöhrlen mit Milch wie Zwiebeln, oder gib 3 Morgen hinter einander Roßmilch zu trinken. Die Würmer sind der Sündenbock für alle möglichen Krankheiten, besonders bei Kindern. Grimmt der Bauch, so geht's auf die Würmer los. Am meisten Respect hat man vor dem Bandwurm. Man glaubt die Aerzte bringen ihn nicht weg, obwohl es viele Leute gibt, welche vom Bandwurm geheilt wurden und zwar von promovirten Aerzten. Den Bandwurm thun die Wurmdoctoren her. Dazu nehmen sie süße Milch, die noch kühwarm ist, lassen dieselbe in den weitgeöffneten Rachen des Patienten langsam hinab fließen, um den Bandwurm, der ein Schlecker ist, herbeizulocken, dabei darf die neugierige Umgebung weder sprechen, noch nießen, noch husten, noch farzen, der Wurmdoctor sieht den Feind herankriechen, der Patient schneidet entsetzliche Fratzen, denn der Wurm kitzelt und doch darf Patient nicht schlucken oder sich räuspern, wenn er die Kur nicht vereiteln will. Endlich gelingt der Fang. Der Doctor hält den Wurm am Halse hinter dem Kopf mit einem Zänglein fest, der Wurm sträubt sich, aber ob er will oder nicht, er wird langsam, behutsam um ein Stecklein gewickelt, am ersten Tag vielleicht nur zu ein Paar Schuh, von Tag zu Tag aber wird, immer vorsichtig, damit er nicht bricht, Elle um Elle aufgehaspelt bis er in seiner ganzen Länge von 30 und 40 Ellen herausgewunden ist.

Filzlaus. Wer im Schamhaar Filzläuse hegt, lüpft sich keinen Bruch. Man findet wegen dieses Aberglaubens bei vielen Müllerknechten Filzläuse.

Kopflaus. Schwindsüchtigen hilft es, wenn man ihnen, ohne daß sie davon wissen, lebendige Kopfläuse im Brod zu essen gibt. Ebenso werden Läuse verbohrt (siehe unten). In Rauch gehangen gegen Schwind- und Gelbsucht. Als stumme Thiere, die nicht jammern, müssen sie daher viel dulden. —

Menschentheile.

Blutstillung: schiebe Moos von dem Todtenkopf eines Menschen in die Nase des Blutenden oder gib ihm Wollwurz und Täschelkraut in die Hand und unter die Arme, auch binde man ihm dieß unter die Fußsohlen, denselben Dienst soll Oelbaumholz in der Hand gehalten, leisten.

Gegen Fallsucht: Wasche einen Leichnam mit 3—4 Maas altem Wein ab, laß den Wein in der Sonne bestilliren, gib von diesem Wein einer Person zwischen 30—40 Jahr im abnehmenden Mond Abends und Morgens einen guten Trunk, einem Kind 3 Löffel voll, jedoch so, daß Patient nichts davon weiß, bis der Mond wieder zulegt.

Ferner hilft: man schabe etwas von der Hirnschale eines Todtenkopfs und dieses gebe man einige Morgen hinter einander ein. Ist Patient ein Mann, muß der Schädel von einem Weibe herrühren und umgekehrt.

Vom 4tägigen Fieber hilft, wenn man die Nägel an den Fingern und Zehen abschneidet, solche in ein Lümpchen einwickelt, und einem lebendigen Aal anhängt; wirf diesen wieder in's Wasser und das Fieber läßt nach.

Böse Augen heilt man, indem man mit geweihten Fingern in den 3 höchsten Namen dreimal darüber wegfährt. — Es gibt Leute, welche durch Berührung mit dem Daumen die wären an den Augen heilen können. (Vth. I. 485).

Wildzauber: nimm einen Todtenkopf, thue Erde hinein, stecke Bohnen in diese Erde, thue alles an einen Ort, wo die Bohnen wachsen können, nimm hernach einen Bohnenstengel, stecke ihn auf den Hut und alles Wild wird dir Schuß halten.

Bettbrunzer sollen Nachts 12 Uhr im Beinhaus einen Todtenkopf holen, diesen in ihren Strohsack stecken und von Stunde an werden sie nicht mehr in's Bett wässern.

Wenn man den Nagel vom Finger eines Todten unter die Pferdkrippe vergräbt, so hören die Pferde auf zu fressen.

Wer **das Herz** eines ungeborenen Kindes ißt, kann sich unsichtbar machen!

Wenn man einen Kindsnabel in einen goldenen oder silbernen Fingerring fassen und am linken Goldfinger tragen läßt, so hilft er gegen das **Grimmen**, so bald der Nabel warm wird.

Vom Zahnweh hilft, wenn man von dem Moos, das im Beinhaus an den Todtenköpfen wächst, an die Backe bindet.

Beschneidet man alle Freitage seine Nägel an den Händen und Füßen, so bekommt man kein **Zahnweh** oder verliert es, wenn man's hat.

Nicht minder hilft gegen **Zahnweh**: wenn man beim Aufstehen mit dem linken Fuß aus dem Bett geht und sich auf der genannten Seite zuerst anzieht. Abends ziehe man die Kleider auf der linken Seite wieder zuerst aus und steige auch mit dem linken Fuß zuerst in's Bett (Vth. I. 482).

Gegen sehr heftiges **Zahnweh** räth man Nachts 12 Uhr oder wenigstens vor Sonnenaufgang ꝛc. unbrassselt auf den Kirchhof zu gehen und in ein Todtenbein zu beißen. (Vth. I. 483).

Wer am Charfreitag sich Haar und Bart scheeren läßt, der wird viel **Kopfweh** haben. (Vth. I. 471).

Abgeschnitten **Haar** und **Bart** soll man nicht leichtsinnig wegwerfen, die Hexen nehmen es oder ein Vogel trägt es in sein Nest, und dann bekommt man ein unsinniges **Kopfweh.**

Gegen **Kindsgichter** hilft das Pulver von einem abgefallenen Kindsnabel eingegeben. — Abgenommene Glieder muß man auf dem Kirchhof begraben. Einen abgenommenen Fuß soll man aufrecht begraben, sonst thut er nachher immer noch weh.

Wer den **Wehtag** hat, dessen Gesicht soll man schnell mit einem schwarzen Tuch zudecken, oder schnell dessen linken Strumpf ausziehen, den Mund mit einem Schlüssel aufbrechen und beide Daumen lösen. (Vth. I. 481). Kindern und jungen Thieren soll man keinen Schnaps geben, sonst wachsen sie nicht mehr. Wenn man frischgefallenen Hunden, Pferden, Eseln u. s. w., ehe sie die Augen öffnen, 1 bis 5 Loth gestoßne Korallen in Branntwein und Mehltrank einschüttet, so bleiben sie in der Größe, die sie eben gehabt und werden nicht mehr größer.

Gegen das **Bauchgrimmen** hilft, wenn man vom Fingernagel einer Jungfrau, die eben ihre Zeit gehabt hat, etwas in ein Glas Wasser schabt und solches trinkt (Vth. I. 487). Dagegen ist Nagelgeschabsel an anderen Orten als Gift verschrieen, im Wasser getrunken oder Nägel sonst im Essen erwischt, machen, daß man auszehrt.

Das Ei. Wenn man vor Schlafengehen ein Ei mit Pfeffer und Oel trinkt, hilft es gegen das hinabgefallene Zäpflein. — Ein hart gesottenes Ei, halbirt und an „das böse Aug" gebunden, zieht die Hitzen heraus. — Wer am Charfreitagmorgen früh nüchtern ein Ei austrinkt, der lupft sich keinen Bruch. (Vth. I. 417). — Einem zahnenden Kind soll man ein Ei schenken, dann zahnt es leichter. Einem seltenen Besuch soll man ein Ei schenken. (Vth. I. 497). Um eine schöne Stimme zum Singen zu haben, muß man ein rohes Ei essen. Alten Husten bekommt es vortrefflich, wenn sie das Eierklar von 3 Eiern verrühren und dieß Morgens nüchtern trinken. — Warmes Weißbier mit Ei nimmt man gegen Heiserkeit oder um schwitzen zu können. — Das Ei gilt als ein Aphrodisiacum, insbesondere der sg. Hahnentritt, sein gallartiges Häutchen, das man für den Samen des Gockelers hält. Alles, was sulzig und rotzig ist, steht im Verdacht geil zu machen, so auch die Schnecken.

(Viele der oben angeführten volksthümlichen Heilmittel findet man auch in: **Paullini** heilsame Dreck-Apotheke. Frankf. 1699, und im „curieuse Haus-Apothek, wie man durch seine eigene bei sich habende Mittel, als dem Blut, dem Urin, Hinter- und Ohren-Dreck, Speichel u. s. w. seine Gesundheit ꝛc. ꝛc. erhalten könne. Frankf. 1699. Bücher, die man je zuweilen in der Hand eines Dreckdoctors findet).

Feuer. Licht. Sonne. Mond.

Gegen **Warzen**: wirf so viel Erbsen in den glühenden Backofen, als du Warzen hast, spring aber sogleich weg, damit du nicht „pratzeln" hörst, sonst würde es ärger werden.

Kinder, welche den **Friesel** haben, schiebt man in den warmen Backofen oder in einen warmen Mehlsack.

Gebrannte Finger soll man wieder gegen das Feuer halten, dann läßt der Schmerz nach. — Wenn man sich in den Finger brennt, soll man mit dem Finger schnell an's Ohrenläppchen fahren.

„**Bäcker und Beutzel**" heilt man, indem man im abnehmenden Mond dieselben anrührt, den Mond anschaut und dabei sagt: was i sih, leg zuə, was i greif nimm ā, im namə ꝛc. ꝛc. (Bth. I. 188. 483). Was man allerlei vor Sonnenaufgang oder bei Voll- oder Neulicht thun muß, ist allbereits in verschiedenen Kapiteln angeführt worden. Im allgemeinen kann man annehmen, daß dasjenige, was weggeschafft werden soll bei abnehmendem, was an Kraft zu legen soll im zunehmenden Mond besprochen werden muß. Empfindliche Personen sollen ihre Betten nie so stellen, daß sie der Mondschein berühren kann, weil solche Leute durch den Mondschein unruhig werden, ja aufstehen und nachtwandeln, auf die Dächer steigen und sich todt fallen können. Wer dazu geboren ist, dem ist der Mondzauber kund. Solche Leute ahnen die Kraft des Mondes, ohne daß es ihnen Jemand sagt. Man soll nicht unnöthig in den Mond schauen, das Mondlicht thut denen nicht gut, welche auf unrechten Wegen umlaufen. Will man Krankheiten irgendwohin vertragen, so muß man die an einem Ort begraben, wo weder Sonne noch Mond hinscheint. Das Licht zieht die Krankheiten deßhalb wieder aus dem Boden, weil sie durch das Licht, der Sonnen- oder Mondschein wieder lebendig wird und wandert. Die vertragenen Krankheiten, welche wieder lebendig gemacht worden sind, kehren am liebsten wieder an den Ort zurück, von wo sie weggebracht worden sind. Wie alles im Licht wächst, und wie insbesondere das Mondlicht auf das Wachsthum der Pflanzen einen stillen Zauber ausübt, wie man mir solches zum Beweis an Hopfen gezeigt, die in Einer stillen Mondnacht um mehr als einen Schuh gewachsen, so wächst auch das Menschenfeindliche, das Gift und die Krankheit in der unheimlichen Beleuchtung.

Wasser. Das Trinkwasser muß nach Betläuten besegnet werden, sonst trinkt man sich eine Krankheit oder gar den Tod hinein. — Wasser entgiftet man mittelst Brod. (Vth. I. 495). — Gegen Krankheiten aller Art trinkt man Weihwasser; das beste ist der Ostertauf und das Dreikönigswasser. (Volksth. I. 142). — Ehe man in's Flußbad steigt, soll man drei Kiesel aus dem Bach nehmen und diese anspucken und über den Bach werfen wie im Vth. näher zu finden. Die „Hundsknöpf" (Kaulquappen) hält man für giftig, deßhalb soll man um die Zeit nicht baden, wo diese im Wasser zu finden. (Vth. I. 139). — Wenn man in der Nacht vom grünen Donnerstag auf den Charfreitag unberasselt seine Füße in dem Bach badet, der durch Mulfingen fließt, so glauben die Mulfinger, es könne das ganze Jahr über kein Rothlauf an die Füße kommen. Man sieht daher in dieser Nacht oft den ganzen Bach voller Leute stehen. (Vth. I. 140). — Alles Wasser, das über glatte Kiesel läuft, ist heilsam, insbesondere das Bachwasser, welches für böse Augen gut ist. (Vth. I. 140). Gegen Zahnweh wendet man folgendes Mittel an: man stellt sich vor Sonnenaufgang über ein Bächlein, unbeschrieen soll man sich rückwärts zum Wasser hinabbeugen und einen Mund voll schöpfen, dieses hernach rückwärts über sich ausspeien in den 3 höchsten Namen; das soll man 3mal thun. — Bei Riedlingen an der Straße nach Unlingen liegt ein Brunnen, der Kropfbrunnen, man sagt, wer aus ihm trinke, bekomme einen Kropf, andere sagen, er heile den Kropf. — In Ertingen befindet sich ein Brunnen, der Daüberbrunnen, krankes Vieh, das nicht mehr „Daüben" d. h. wiederkäuen kann, wird von diesem Wasser gesund. — Das Wasser kann nicht zu allen Zeiten Verunreinigungen leiden, wenn man an der Auffahrt in's Wasser pißt, dann weint die Muttergottes (Vth. I. 493). — Krätzige sollen sich mit Wasser aus dem Löschtrog einer Schmiede waschen. (Vth. I. 486). — Die Sommersprossen vergehen, wenn man sich im Monat Mai mit Thau vom Roggen wäscht. (Vth. I. 486). — Wird ein Kind beregnet, ehe es ein Jahr alt ist, so bekommt es Sommersproßen. (Vth. I. 484). — Während man zu einer „Leicht" läutet, steht man an ein fließendes Wasser, wascht den Theil, wo man Warzen hat und spricht dazu: jétz léitmo 'nrə léicht, und was i wäsch, dés weich. (Vth. I. 484). Wenn man sorgfältig einen Kieselstein aus dem Bach nimmt und mit diesem seine Böse Augen berührt, den Stein aber wieder an seinen alten Ort legt, wie er gelegen, so hilfts. — Lege — wenn du betrunken bist, ein nasses Tuch auf die Scham, und du wirst bald wieder nüchtern werden. — Der Schloßbrunnen auf der Dietenburg (bei Erisdorf) reinige unreine Weiber, wenn sie sich ihm nahen, jedesmal überziehe er sich dann aber auf einige Zeit mit einer rothen Haut. Aussätzige werden ebenfalls gesund an ihm. Im Weiler bei E. ist ein Gesund-Brunnen, welcher hell und klar bleibt, wenn man sich ihm mit dem Rücken und stumm nähert, dreht man sich um oder redet man, dann wird das Wasser trüb. In der Nähe ist ein anderer Brunnen der „Mazâro-e-bronnə", versiegt der, so wird im folgenden Jahr die Frucht theuer. Auch soll dort ein Brunnen sein, den man den Hirschbrunnen nennt, das Wasser soll Aehnlichkeit mit Bier haben und berauschen. Bei Repperweiler ist der Schwebelbrunnen, wer aus ihm trinkt, wird von allen Unreinigkeiten erledigt.*) Wasser aus dem Löschtrog der Schmide heilt auch das venedische Uebel (Franzosen) und Aussatz. Innerlich genommen hilft es Bleichsüchtigen.

Luft. Leichtschnaufen. Wer gar keine Milz hat, kann windschnell laufen. — Fenchel, Anis, Koriander machen einen leichten Athem. — Die Luft reinigt man mit Wachholderrauch, oder mit Zuckerstaub, den man auf einen brennenden Zundel wirft. In der Luft schweben viele Geister, welche dem Menschen schaden wollen. Man soll daher nach Betläuten nie bloßhauptig umhergehen. Die Glockenklänge vertreiben diese Unholde, der **Pfä** (Föhn) macht eng und Herzklopfen, man soll beim Pfä ab dem Wind arbeiten.

Erde. Steine. Metalle. Minerale überhaupt.

Bernstein, oder vielmehr bernsteinartige Glasflüsse in „Pāterlenge=stalt" (grana) um den Hals getragen, helfen in Augenleiden, ebenso goldene Ringe, Knöpfe, Mühlräder, Hackbeile ꝛc. in den Ohren ge=tragen. Der **Blitzstein**, bei sich getragen, schützt vor dem Wetter=strahl. Der, welchen ich sah, war ein Bergkrystall. — Wer den **weißen Fluß** hat, soll einen silbernen Fingerring tragen. — Gegen **unmäßigen Durst** soll man den Stein Safferenstein (Saphir) in den Mund unter die Zunge nehmen. — Neue Schuhnägel 2mal 24 Stunden in rothen Wein legen und von dem Wein trinken, hilft **bleich=süchtigen Mädchen**. — Stubenschnallen, alte Schlüssel (abgegriffenes Eisen) heilen den Krampf, wenn man damit das behaftete Glied bestreicht. — Geweihtes Kochsalz hilft besonders in allen Krankheiten des Viehs. Kölnisch Wasser, Karmelitergeist, ꝛc. ꝛc. in allen Ohn=machten und Schwächen", Lehm mit Essig in entzündeten Gliedern, Ofenleim (Lehm) mit Kürbsenpulver und Baumöl hilft in allen alten Schäden. — Balsam sulfere wird zum Wachsenmachen der Haare an kahlen Stellen benützt.

Aufgesprungene Lippen (Schrunden) ꝛc. ꝛc. betupft man mit Alaun. Den „Stein Alaune" und den Höllenstein findet man in größeren Stücken fast bei jedem Quacksalber. — Beiplatten und Mün=zen (Guldenstücke, Franken) werden auf Ueberbeine gebunden, um sie zu heilen. — Bittersalz und Glaubersalz holt man sich im nächsten besten Kaufladen, um sich abzuführen. — Arsenik findet sich

---

*) Solcher sogenannten Schwebelbrunnen gibt es in Oberschwaben viele, die allerwenigsten enthalten übrigens Schwefel.

nur in wenigen Händen, da die vorsorgliche Polizei damit die Vergiftungsfälle weniger zahlreich zu machen wähnt. Hat man keinen Arsenik, so thun's Schwefelhölzchen. — Zinnober, weißer und rother „Principitat", werden zu allerlei Salben benützt. — Röthelstein zu blutstillenden Salben. — Kindbetterinen, welche sterben, gibt man Scheeren mit in's Grab. Werden dieselben wieder ausgegraben, dann verarbeitet sie ein Schlosser am Charfreitag, nach andern am Grünbonnerstag zu Krampfringen, die man gegen Krämpfe trägt, sie werden mit 2 bis 3 fl. bezahlt, kommen sie vollends hochgeweiht aus Einsiedeln, dann fragt man gar nicht mehr was sie kosten. — Gegen rothe Augen hilft Lehm aus einer loːɪmgruəb, über welche noch nicht geritten und gefahren worden, man soll denselben auf das Genick legen. — Wer gehauen oder gestochen worden, nehme das Werkzeug sogleich, stecke es in den 3 höchsten Namen in die Erde an einem dunkeln Ort (köːr), wo weder Sonne noch Mond hinscheint, lasse es 3 bis 4 Tag stecken, dann bringt die Wunde keinen Schaden.

III.
Sympathie.

Besegnungen. Blutstillung. „Ein gewiße probirte Bluot Stelle. Glück Sellig die Stundt, da Jesus Christus gebohren ist, glückselig ist die Stundt, da er gestorben ist, glückselig ist die Stundt, daß er wüder Er Standen ist, In dißen dreyen Stundten Segne ich den Menschen: oder Vieh: (Vnd in den Namen geben wie Eß haußt) dißen Wunden, daß sie nit weütter bluoten noch ge Schwerren, biß daß Maria: Ein Andern Sohn gebahr, Vnd Sie wirt Keinen mehr geböhren, darumb Sollen Sie nit bluoten, noch ge Schwerren, Im Namen gott deß Vatters † Vnd deß Sohns †. Vnd des häulligen gaists † Amen. — (Vth. I. 205). — Wider Ein bluot Segen. Eß Stendt drey roozen Auff Vnseres Lieben herr gott grab, die Erst haußt guott, die Ander haußt wolgemuoth, die brit gestellt bier gewüß deß bluot, Im Namen gott des Vatters † Im Namen gott deß Sohns † Im Namen gott deß häulligen gaists † (Vth. I. 205). — Ein gewiße bluot Stellung. Es Standten brey Dügell Auff Jacobs grab, die Erst haußt Jugendt, die Andere tugent, die brit Sein wüll, bluot Stand Stüll, Im Namen gott deß Vatters † Vnd deß Sohns † Vnd deß häulligen gaists † Amen. (Vth. 206). — Wider Eine Andere bluot ge Stillung. Vnßers Lieben herr gotts 5 wundten, die Stundte Vn Verbunden, Sie bluotet nit, Sie Schwerret nit, Sie Sauret nit, Sie faullet nit, Im Namen got deß Vatters † Vnd deß Sohns † Vnd deß häulligen gaists † Amen. (Vth. 207). — Man nehme breierlei Gräslein am Weg, lege biese über die Wunde und mache das Kreuzzeichen barüber. — Ober: man lege das erste

Gras im Namen Gottes des Vaters, das zweite im Namen Gottes des Sohnes ꝛc. ꝛc. über die blutende Wunde. Oder: man schneide einen dreieckigen Wasen in den drei höchsten Namen aus einem Plan und lege den Wasen über die blutende Stelle. (Vth. I. 480). Oder: es spricht die Person, welche das Blut stillen will: Glückselige Wunde, glückselige Stunde, glückselig ist der Tag da Jesus Christus geboren war. Im Namen † † †. Oder: hauche den Patienten 3mal an, bete das Vater unser bis an die Stelle „und auf Erden", also 3mal, so wird das Blut stehen. — Oder: schreibe die 4 Hauptflüsse der Welt, welche aus dem Paradies kommen auf einen Zettel: Pisohn, Gihon, Hedekiel und Pheat und lege ihn auf die Wunde, item es hilft. — Oder: man spricht: glückselig ist die Wunde, und haucht über die Wunde hinab; betet ein Vaterunser dazu, sagt hierauf: glückselig ist die Stunde, haucht abermals über die Wunde und betet ein Vaterunser, zum drittenmal spricht man: Glückselig ist der Tag an dem sich Jesus Christus erhoben hat, dann wird nochmals über die Wunde geblasen und gebetet. (Vth. I. 480). — Gegen Nasenbluten, binde den kleinen Finger der linken Hand fest zu mit einem Faden. (Vth. I. 480. Vgl. auch die lateinischen Blutsegen in der Anmerkung). — Gegen Nasenbluten: Reiße am Frohnleichnamstag (éisǝ herrgottstag) zwischen 11 und 12 Uhr eine Kornblumenwurz aus dem Boden, und hebe sie auf. Nimmt diese Wurzel ein Patient in die Hand und wird sie warm, dann hört das Bluten auf.

Segen gegen die Ueberröthe.
Die Überröthe und der Löw sind gesprunga
mitanander über ba See,
der Löb ist vertrunken
und bÜberröth ist neanameh. (Repperweiler).

Fieber. Segen. Guter Morgen, lieber schöner Tag, Nimm mir meine 77 Fieber ab. Ich weiß nicht, welches das es ist, hilf mir unser lieber Herr Jesus Christ † † †. — Oder: Guter Morgen, lieber schöner Holderstengel, Ich komm zu dir als wie ein Engel, Ich komm zu dir als wie ein Samariter, Nimm du die 77 Fieber mitder. † † †. dreimal zu sprechen.

Der Zahl nach unbekannte Dinge bezeichnet die Volkspoesie gern mit der Zahl 77, wie man sich sonst der Zahlen, ein Paar, zehnmal, hundertmal, tausend, drei oder eilf, u. s. w. als unbestimmter Zahlen bedient. So sind es 77 oder 72 Sprachen, und ebensoviele Länder auf der Welt, ein rechtschaffener Landfahrer weiß sie bei Namen zu nennen, so sind in der Haberreuter nach dem Volksrathsel: (s.hangǝt ëǝbbǝs uf dr láubǝ, s.hát-siebǝnǝ sîbǝzg áugǝ).

Gegen das viertägige Fieber trage man ein Todtenbein aus einem Menschenarm und vom obersten Bein am Flügel einer Gans bei sich. — Katzendreck mit der Klaue einer Nachteule um den Hals oder am Arm getragen, heilt das viertägige Fieber.

Gegen das Fieber. Laß es zweimal laufen, kommt es aber

zum drittenmal, dann lege an jedem Arm über den Puls ein Pflaster von venetianischem Terpentin, das laß 3mal 24 Stunden liegen, in der Stund, in der man es aufgebunden, muß man es wieder wegthun und in ein fließendes Wasser werfen. Oder man fangt mittelst eines Schächteleins, das einen Deckel hat, eine lebendige Kreuzspinne, wickelt sie in ein leinenes ungebleichtes Blätzlein, schreibt darein den Namen des Patienten, wickelt mit der Spinne zugleich für 2 kr. Campher ein, hängt diese 3mal 24 Stund um den Hals über den Rücken hinunter, hängt hernach alles in den Rauch, aber zu derselben Stund, in welcher man es angehängt hat. — Gegen das 4tägige Fieber hänge diesen Zettel an, auf dem geschrieben steht:

```
4 I S S O X
h I S S O X
  I S S O X
    S O X
      O X
        X.
```

Brand: Unser Frau geht durch das Land und hat einen feurigen Brand (Himmelbrand siehe oben in den Kräutern) in der Hand, Brand schlag aus und nicht ein, der Brand der soll gelöschet sein. (Bth. I. 211). — Oder: Der heilige Lorenz lag auf dem Rosch, da kam ihm der göttlich Herr zu Hilf und Trost, er streckte aus seine Hand und segnete ihn, denn er sprach: Brand brenn aus und nicht mehr ein. (Bth. I. 211).

Brandt Segen für den Brandt zue gebrauchen. Unßer Himmelischer Batter St.ath Under Seinem hümellthor, da Sahe er in diße wellt, Ein Feyr auff dißer wellt brönnen, da huob er auff Sein haullige handt, Und Segnet den Brand † brandt du Solt nit weuter brinen, wedter die haullige Sonen Am himell Stath, Im Namen got deß Batters † Und deß Sohns † Und deß haulligen † Gaists Ammen. (Bth. I. 206). — **Ein Segen für brandt Und ge Schwulst zue gebrauchen.** Well gott, daß der Schabten So wenig Schadt, Alß Christus Schadt, da die Kriegsknecht haben in ge Stochen und geschlagen, daß eß nit ge Schwoll Und nit ge Schwar Und jaar biß Maria die liebe Muotergottes Ein Anderen Sohn gebahr, Im Namen gottes Vaters † Und deß Sohns † Und deß haulligen gaists † Amen. (Bth. I. 206).

Für die Schweine. Brich an Skt. Johanni, während man 12 Uhr läutet, Mausöhrlein mit gelben Blumen und Garbenkraut, grabe darnach 3 Tage vor dem Neumond Morgens früh Holderwurzel und schäle die Rinde von ihr ab, nimm ein Stückchen von einer Todtenbahre, worin eine Kindbetterin gelegen, von beidem gleichviel, mache es in ein Bändchen ein und hänge es im abnehmenden Mond morgens früh an das schwindende Glied.

Für Herzgesperr und Unterwachs: „Für Herzgesperr und Unterwachs, hilf meinem Kind von seiner Sach, hilf meinem Kind von seinem Ripp, wie Jesus Christus von der Kripp". Das muß man an 3 Freitagen hintereinander Morgens vor Sonnenaufgang dreimal nacheinander sagen, dabei mit Daumen und Zeigefinger von der Herzgrube aus am Rippenrand nach dem Rücken zu fahren, dreimal auf die Herzgrube hauchen, 3 Kreuz darauf machen und 3 Vaterunser beten, es hilft ganz gewiß. Wo Gefahr auf dem Verzug, kann man es an 3 aufeinander folgenden Tagen vornehmen.

Schweine. Schweinung. Segen: Ich bitte dich aus Gottes Kraft, daß du hinausgehst aus dem Mark in's Bein, aus dem Bein in's Fleisch, aus dem Fleisch in die Haut, aus der Haut in's Haar, aus dem Haar in den wilden Wald, wo weder Sonn' noch Mond hinscheint." Den dritten Tag nach dem Vollmond, der auf einen Freitag fällt, zu beten und dreimal auf's Glied zu blasen. — Huff, Blatt, Blut, Fleisch, Bein, Mark, Nerv schweinet nicht wie die Erde nie geschweinet hat, im Namen Gottes Vaters ꝛc. ꝛc. Huff, Blatt, Blut, Fleisch, Bein, Mark, Nerv schweinet nicht wie die Sonne und die Sterne nie geschweint haben i. N. G. ꝛc. Huff, Blatt, Blut, Fleisch, Bein, Mark, Nerv, schweinet nicht wie Himmel und Erde nie geschweinet haben; im N. G. d. ꝛc. ꝛc. — Ein guoter bewerther Schwein Segen für Menschen und Vieh zur gebrauchen: daß Walth gott der Vatter, Schweint nit, gott der Sohn schweint nit, Schweint auch nit, gott der haillig gaist, Schweint auch nit, nit in Markh, nit im Bein, nit im Bluot, nit im Flausch, Im Namen gott deß Vatters † Vnd deß Sohns † Vnd deß hailligen gaists † Amen. (Vth. I. 209). Ein Schöner Schwein Segen für Vüh vnd Leuten zue gebrauchen: Ich weiß nit waß bier grüst, oder woher eß bier Komen ist So wende Eß bier der Lieb her Jesu Christ der in der rindren Krüppen gelegen ist, daß die Stundt So guot sey, das Jesus Christus hat tobt Vnd Marter gelütten am Stamen deß hailligen Creitzes, daß die Stundt So guot Sey, da Jesus Christus daß Menschlich geschlecht Erleßet hat, daß bier dein glübt So Lützell Schwinde, alß die Sternen am Himell Schweinendt, da bier dein glübt So litzell Schweindte, alß die haillige Sonn am himell Schwindt. Amen. Ybergreiff wo Eß ist vnd zell im buoß Im Namen gott deß Vatters † Vnd deß Sohns † Vnd deß hailligen gaists † Segne Eß 3mal nach Ein Ander Vnd bete Allwegen ... (Vth. I. 208). — Schweine lieber Mone, Schweine waß ich dah Syh Vnd gerüff Eß Sey ge Sich oder Schweine, Eß Sy im Marckh im Armen, im Schenckel obter Schönbein, daß Schweine heut oder Morgen, noch zue Ewigen zeiten, Nimer wer bey mir Sey, daß bits ich treylich Im Namen gott deß Vatters † Vnd deß Sohns † Vnd deß hailligen gaists † Amen. (Vth. I. 207).

Mundfäule. Job, Job gieng übers Land, er trug ein' Stab in seiner Hand; da verkam ihm Gott der Herr und sprach: Job warum bist du so traurig; Job sprach: warum wollt ich nicht traurig sein, es will mir Zunge, Mund und Schlund verfaulen. Gott Vater, Gott Sohn 2c. Dieses dreimal, drei Tage hintereinander zu sprechen. Am ersten Tag 7, am zweiten 5, am dritten 3 Vater unser hinterher zu beten.

Allerlei anderer Segen und „klein Hexenwerk".

Darmgichtsegen bei Roß und Mensch. Nenne des Mannes oder des Rosses Namen und sprich: der Mann ist der Mann, der im Gericht sitzt, der keine falsche Urtheil spricht, daß es derselbe wohl weiß, so helfe ihm der liebe allmächtige Gott Vater, Gott Sohn, Gott heiliger Geist Amen. Ehe du aber dieses sprichst so nimm einen Strohhalm, mache davon 3 Kreuz, das erste lege auf den Hals, das andere mitten auf den Rücken, das dritte hinten auf das Kreuz, hernach stelle man sich auf die linke Seite und streiche die 3 Kreuz mit der linken Hand hinter sich über das Pferd hinunter und spreche obiges. — Zettel gegen Würm' bei Roß und Mensch. Schreibe auf einen Papierstreif:

† Daga † Maga † Magella
† Scutur † Aroba † Dumuz
† Apera † Role †.

Gegen den Ungenannten (au͞gnampt͕, Fingerentzündung auch Wurm genannt). Vnßer hergott fährt zager, mit Einem güldenen Pfluog, Er thät 3 fürch, darin legen 3 Würm, der Erst war weiß, der Ander war Schwartz, der brit war roth, Vnd Sie waren Elle brey todt im Namen gott deß Vatters † Vnd deß Sohns † Vnd deß haülligen gaists † Amen. (Vth. I. 207). — Hundszauber, daß der Hund nicht beißen kann: Hund lege deinen Mund auf die Erden, Gott hat mich erschaffen und dich lassen werden, in den 3 höchsten Namen 3mal gesprochen und beide Daumen dabei eingeschlossen. — Gewehrsegen, daß ein Gewehr versagt: Was St. Petrus bindt und band, das steht in Gottes Hand † † † geht nicht aus Gottes Hand † † † beide Daumen eingeschlossen. — Gegen Viehzauber steht man Papierstreifen mit der Aufschrift: (C. M. B †† abi Massa denti Lantien. I. I. I. mittelst 7 oder 9 Nägel an die Stallthüre angenagelt. Allbekannt ist der Spruch mit den Worten rotas, arepo tenet und deren umgekehrten Lesung. — Wundsegen für Kinder: hâilə, hâilə sëəgə, drei tag rëəgə, drei tag schn'ai, jetz thuerts nimmə wâih. Oder: hâilə, hâilə, sälbə, dr müllər schléchtə kälblə, dr müllər schlechtə rauthe kuoh, ochele, ochele hâile zuə. (Vth. I. 210. 211). — Ist etwas in's Auge gefallen, dann betet man: was hau͞ni im áug? e bröckele bráud; wëər thuotmors rous? éis ə liəbə͞fráu. Vaterunser. (Vth. I. 210).

Gegen **Halsweh** schützt man sich, wenn man sich an Skt. Blasii den Hals weihen läßt. — Gegen den **Häcker, Glutzger:** man denke, ehe er wieder kommt in aller Schnelligkeit an 3 alte böse Weiber. Oder man sage eben so schnell: häck.r, häck.r, réit übr d.äck.r, réit îbr d.brâh, réit de alte weiber nâ. Ober: häcker, spring îbr d.äcker, spring îbr d.ro⁻i⁻ und lâich de alte wéibre ho⁻i⁻. — Will man wissen, ob ein Abwesender lebendig oder todt sei, dann nehme man von einem Laib Brod zwei Bröckelein, lege sie 3 Finger breit von einander, ebenso mache es zu gleicher Zeit mit 2 Kohlen, dann nimm eine Nähnadel und fädle ½ Elle Faden doppelt ein, mache unten einen Knopf, stecke ein Bröckelein Brod durch, halte es in die Höhe, daß es den Tisch nicht berührt und sprich: (der Name des Abwesenden muß genannt werden). Bist du lebendig, so geh auf das liebe Brod, bist du aber todt, so geh auf die Kohlen; erhebt sich das eine oder andere, so wird man inne, ob einer in der Fremde lebt oder todt ist. — **Wundholz**: Schneide an Peter und Pauli vor Sonnenaufgang Eschenholz von unten auf, dieses Holz „geschaben" und auf die frische Wunde gelegt, heilt sie zu. — Wer an **Leberleiden** krank ist, soll eine Leber opfern. Gewöhnlich nimmt man dazu eine Kalbsleber.

Verzapfungen: Gegen **Schiabik**: Laß am Abend vor dem Neumond am schmerzhaften Theil schröpfen, mache hernach aus ungebleichtem Tuch so viel Blättlein als es „Ventausen" waren, jedes halbguldengroß, tauche dieses in das Blut und gehe am andern Morgen vor Sonnenaufgang hinaus zu einem jungen Weidenbaum, der aber nicht bald abgehauen werden darf, verbohre die Blättlein gegen Sonnenaufgang und vernagle das Loch wieder. — Hast du einen **Leibschaden** oder Bruch, Weidbruch, dann schreibe deinen Namen auf ein Zettelein, bohre unbeschrieen vor Sonnenaufgang ein Loch in einen Zwetschgenbaum, stecke das Zettelein hinein und verspeible es nachher. (Vth. I. 481). — Ein **Schwindsüchtiger** soll unbeschrieen vor Sonnenaufgang seinen eitrigen Auswurf auf eine zum Theil von dem Stamm gelöste Holderrinde speien, aber an derselben Stelle eine seichte Grube in's Holz schneiden, damit der Hirzer Platz drinn hat, die Rinde binde man hierauf wieder sorgfältig an den Stamm, wie sie vorhem war, damit sie wieder anheile. — Gegen **Zahnweh**: Nimm den Zahn eines Todtenkopfs und eine Bohne. (ən taudtəkopf und oba⁻n⁻), bohre ein Löchlein in die Bohne, in dieses stecke eine lebendige Laus, vermache das Löchlein wohl mit Wachs und trage den Zahn sammt der Bohne in ein Tüchlein gemacht, am Hals. — Ist die **Fallsucht** angethan: laß dir vom Helfer während deines Anfalls Blut nehmen und zwar in der Charwoche, dieser geht in der Charfreitagsnacht und bohrt ein Loch in die Wurzel eines Helzenbeerenbaums (prunus padus) bis auf das Mark hinein, gießt das Blut hinein und macht das Loch wieder zu mit dem ausgebohrten Holz, verklebt es hernach mit Letten, macht 3 Kreuz darüber und geht davon. Wie das Blut verwächst, so hören die Geister auf. — Ist aber das fallige Weh von selber gekommen, so muß man es anders machen, dann nimmt man nämlich in der Charwoche von dem Patienten 3 Loth Blut, vermischt das mit Tauben- und Schafs-Blut, auch

je 3 Loth, (ist Pattent ein Mann, von einem Kauter und einem halb=
jährigen Schafbock, ist er ein Weib, von einer Käutin und einem
Schaflamm). Alsdann schreibe den Spruch: Fürwahr er trug unsere
Krankheit und lud auf sich unsere Schmerzen (Jesaias 53, 45) auf ein
reines Papier, tunke es in das Blut, mache darnach ebenfalls ein Loch in
einen Baum, aber in einen zahmen Obstbaum, und schütte das Blut mit=
sammt dem Papier in's Loch und zwar am Charfreitag morgen früh vor
Sonnenaufgang, vermache das Loch wieder mit dem ausgebohrten Holz fein
gut zu, gehe hinweg, bete 3 Vaterunser und den Glauben. Während man
das Blut in das Loch gießt, soll man die 3 höchsten Namen aus=
sprechen. †††. Eine andere Fallsuchtkur: Wenn eine Hündin junge
werfen will, so spreite ein Tuch auf die Erde, daß die Hündlein nicht
auf den blosen Boden fallen, auch dürfen die Hündlein nicht an der
Mutter saugen, hernach nimmt man für einen Mannsnamen ein Bräck=
lein, für eine Fraunam' ein Faitschlein, jedoch nicht mit blosen Hän=
den, sondern mit irgend einem Instrument (oder händscha), schneide
dieses Hündlein lebendig auf, nimm Herz, Lunge, Leber aus dem
zuckenden Leib, lege alles in ein flaches Schüsselchen, und decke ein
sauberes Papier darauf, laß es auf dem warmen Ofen dürr werden,
stoße es zu Pulver und gib dem Patienten einen Messerspitz voll in
warmem Bier, der Patient faste und schwitze darauf, ziehe demselben
nach dem Schwitzen das Hemb unten zu über die Füße aus, und ziehe
ihm über den Kopf ein frisches Hemb an, das alle Tag gethan, bis
die Krankheit ausbleibt, hilft!

Den **Hexenspiegel** soll man im Neumond gießen und dabei
sprechen: Aus Gott kommt alle Wahrheit, in Gott ist alle Wahrheit,
bei Gott besteht alle Wahrheit, Gott der Vater liebt alle Wahrheit.
Dieß sprich dreimal. Hernach: Gott der Sohn liebt alle, die an ihn
glauben, Gott der Sohn erlöst alle, die an ihn glauben, Gott der
Sohn macht selig alle die an ihn glauben. Endlich: Gott der heilige
Geist erleuchtet alle die, welche das Wort lieben, Gott der hl. Geist
tröstet alle, die das Wort lieben, Gott der hl. Geist stärket alle, die
so das Wort lieben. Mit diesem Spiegel sieht man verborgene Dinge,
als Hexen, Schätze, Diebe u. s. w.

Kindbetterinen, welche wieder ausgehen, sollen der Muttergottes
einen Schneller opfern. — Gegen Zahnweh: trage an einer Schnur
um den Hals eine Elefantenlaus bei dir oder einen Agatstein. —
Warzenkuren: 1. Man lasse sich die Warzen von einem andern
zählen, dann bekommt sie jener. 2. Man mache so viel Knöpfe an
einen Faden, als man Warzen besitzt, lege den knotigen Faden vor
Sonnenaufgang in ein Gumpbrunnenrohr, wer zuerst „gumpt", be=
kommt die Warzen. 3. Man lege so viel Steine auf einen Brunnentrog,
als man Warzen hat, wer's hinabstoßt, bekommt sie. (Vth. I. 483).
4. Man schmiere die Warzen mit altem Schmeer oder alten Speck=
schwarten, grabe diese unter das Dachtrauf im abnehmenden Mond.
5. Schneide einen Apfel entzwei, reibe die Warzen mit den Innen=

flächen desselben, lege den Apfel wieder zusammen, vergrabe ihn unbeschrieen unter's Dachtrauf. 6. Die Kur mit der Judenschnecke und den Erbsen siehe oben. 7. Lege so viel Stein, als du Warzen hast, auf einen Stein am Weg, Erfolg wie Nr. 3. — Zahnweh: Man reibe die rechte Hand des Leidenden mit der eigenen Rechten, bis sie „fuirət", dann fahre man mit der heißen Hand 3mal über die Wange des Zahnleidenden herunter. — Oder: hole auf dem Gottsacker oder im Beinhäuslein (Seelenhäuslein) Nachts um 12 Uhr den Zahn eines Todten, reibe mit diesem Zahn den schmerzenden, es vergeht dir dein Weh. (Vth. I. 483). — Gegen Krämpfe in den Gliedern und Bauchgrimmen hilft, wenn man das behaftete Glied mit einer alten Stubenschnalle, die stark abgegriffen ist, mit einem Erbschlüssel oder einer alten Messerklinge berührt oder reibt. (Vth. I. 481). — Ist man verhext, so schlage man unter Nennung des Namens der Hexe in's Dreiteufelsnamen einen Nagel in einen Balken, so weit der Nagel in den Balken eingetrieben wird, so weit bringt er der Hexe in den Kopf ein. — Wer in einen Nagel getreten ist, stecke den Nagel so tief in den Schmeerlaib, als er tief in den Fuß drang, dann heilt die Wunde ohne alle üble Zufälle, dasselbe thut man mit „Schleißen" (Holzsplittern). Am gefürchtetsten sind die Spindelspitze, welche (im Zellgewebe) durch den Körper wandern und bisweilen an weitentlegenen Körpertheilen wieder an das Tageslicht kommen. Einen ausgezogenen Dorn oder Spreißen soll man zerbeißen, dann schmerzt und eitert die Wunde nicht. (Vth. I. 486). Dörner und Spindelspitzen machen gern den „Hundskrampf", welcher sicher tödtet, wie der Biß eines „wüthigen" Hundes. Die Wunde der „Wüthigen" (von einem wüthigen Hund Gebissenen) soll man mit einem glühenden Sankt Peters- oder St. Hubertus-Schlüssel ausbrennen, daß die Leut „bröllen". In gewissen Dörfern sagt man, es müsse der Daumenballen gebrannt werden. Am giftigsten ist der Biß einer wüthigen Katze, wer von einer solchen gebissen wird, ist vogelfrei, sonst reißt er nur noch mehr Menschen mit in's Verderben. So hat man vor 70 Jahren zu Sulmentingen bei Biberach einen wüthigen Mann, der sich vor den bewaffneten Bauern flüchtete, (die mit Stangen und „wêr und wôfə" gejagt), da er sich eben an einer Leiter in den „orbədə" einer Scheuer flüchten wollte, mittelst eines „bau-lăitərləs", welches man dem Unglücklichen um den Hals warf, herabgerissen, auf dem Boden mit der Leiter fest angedrückt, hernach mit alten Betten zugedeckt, die Betten in Brand gesteckt und lebendig verbrannt. Diese Thatsache habe ich aus dem Mund eines Augenzeugen. — An diesen scheußlichen Aberglauben will ich einen eben so scheußlichen anreihen, nämlich den, daß man glaubt, sich der Franzosen entledigen zu können, wenn man eine reine Jungfrau beschläft. Heimkehrende Soldaten haben es schon gethan. — Ein Arzt (Luis venereae perfectissimus tractatus ex ore Herculis Saxoniae Patavini. Patavii 1597. 4. cap. 37) hat ihn aufgebracht. — Durch eben diese Soldaten verbreitete sich der bestialische Aberglauben, daß man sich durch Vermischung mit einer Stute oder Eselin der Franzosenkrankheit entledigen könne. — Vom Gries und kalten Seich befreit man sich, wenn man an das Hemb linkerseits einen Knopf macht, in längstens einer halben Viertel= stunde vergeht das Gries.

Podagrakur: Schneide im letzten Viertel, Frühlings einen Wei= benstock ab, schröpfe hernach an den schmerzhaften Gliedern, setze einen Hafen mit Urin von dem Patienten neben dich (den man seit ein Paar Tagen gesammelt hat), so oft die Ventausen mit Blut angefüllt sind, so leere sie im Urinhafen aus, rühre alles wohl unter einander, so lange es Blut gibt, alsbann setze die Weide darein, so weit als man's in die Erde setzt, laß es beisammen stehen bis 3 Tag vor dem Neu= mond, alsbann mach ein Loch in die Erde auf dem Feld, so weit als die Weide ist, setze diese hernach ein, gieße den Urin sammt dem Blut zu der Weide in das Loch, bedecke sie dicht mit Erde und laß also alles gehen. Nach Verfluß von 4 Wochen schröpfe wieder, mache es abermals und so am nächstfolgenden Neumond item, das Podagra (bottəgra⁻) wird sich in den Weidenbaum verwachsen. — Gegen das Überbein hilft, wenn man Werg oder Hanf, das um die Weih= buschel gelegt, mit derselben geweiht wurde, um das Handgelenk legt. (Vth. I. 483). — Man soll keine leere Wiege „geitscha" (schaukeln), weil das hineingehörende Kind sonst voller Aißen wird. Auch soll man über die Wiege nicht schreiten, weil das Kind sonst nicht mehr wächst. (Vth. I. 495). Unterwachsene Kinder bringt man in der Gegend um Rieblingen in die dortige Kapuzinerkirche, um die Probe zu machen, ob sie „grünen" oder „himmeln". — Vermuthet ein Mädchen, dem es ein lediger Bube zubringt, er könnte ihm in den Wein Nagelschabete' gethan haben und ihm also den Nachlauf anthun wollen, dann faßt es das Glas in den 3 höchsten Namen mit 3 Fin= gern an, ist Nachlaufzauber drinn, dann zerspringt das Glas in tausend Scherben. — Vom Vertragen: wenn man einen alten Besen in ein Aißenkäppele wirft, vergehen die Aißen; wenn man in ein Papier schneuzt, so man den Schnupfen (s.gschnüdr) hat, und dieses wegwirft, hängt man ihn dem an, welcher das Papier aufhebt. — Man kann den Leuten den Schlaf aus dem Hause tragen, wenn man in einem Hause Besuch macht, ohne sich zu setzen. (Vth. I. 495). — Schneuzt man Jemand in die Schuhe, so hängt man damit dieser Per= son seinen Schuppen an. — Hat Jemand Obst gegessen und ver= ursacht basselbe Würgen oder Magendrücken, dann schlägt man sich 3mal auf die Brust und sagt: wirgə, wirgə biərəştil, wirgst du mī so hår i dī. (Vth. I. 489). — Wenn Jemand **abzehrt**, dann vermuthet man, daß ein Teufelsbanner oder Hexenmeister den Fuß= tritt des Unglücklichen ausgehoben und in den Rauch gehängt habe. Früher als man noch Läuse hatte, vermuthete man, ein Bösewicht habe vom Kopf des Kranken 3 Läuse erwischt und solche im Rauch aufge= hangen. — Kur gegen den Häcker, man schlage beide Daumen fest ein und spanne die Arme aus. Oder man unterbrücke dreimal die Wiederkehr des Schluchzens und bete etwas dazu, oder man drücke 3 Vaterunserlang die Spitzen der kleinen Finger auf die Daumenspitzen. (Vth. I. 482). Auch hilft, wenn man aus einem Glas trinkt, in das man eine Messerklinge gestellt hat oder wenn man mit dieser Messerklinge (lo-məlo) auf dem Boden des Glases herumkritzelt, so lange man trinkt.

Kugeln zu gießen, die immer treffen: Nimm an Abbontag 3 junge Schwalben aus dem Nest, aber nicht mit blosen Händen, schneide ihnen lebendig das Herz aus dem Leib, dörre es bis an St. Nikolaustag. In derselben Nacht des Nikolaustag gieße zwischen 11 und 12 Uhr Kugeln aus Blei, thue aber zuvor die Hälfte jenes Herzpulvers in den Model, die andere Hälfte mische unter das Schießpulver.

Die **Gliedersucht** verträgt man in leinenen Säckchen, in die man Brietz und Sägmehl steckt, über welche der Kranke hinabbrunzt. Die Säckchen werden vor Sonnenaufgang an einen Obstbaum gehängt. Wer ein Säckchen öffnet, bekommt die Gliedersucht. — Die **Gelbsucht** vertreibt man, wenn man Erbsen siedet, und die so hernach in einem Säckchen in's Kamin hängt. „Unheilbar ist die schwarze Gelbsucht."

Gegen die **Gichter** hatte man früher eigene Gichterhäublein, welche die Klosterfrauen machten. Es waren sehr nett gestickte Häubchen aus verschiedenen Metall-, Seiden- und anderen Fäden, in welche allerlei geweihte Kräuter und Reliquien eingenäht waren, man band sie den Kindern um den Kopf. Dann und wann sieht man noch neben andern Amuletten verschiedenster Gestalt bei alten Bäuerinnen in der Nähe ehemaliger Nonnenklöster. Derlei Dinge sind gesucht und seltene Erbstücke geworden. Gegen alle mögliche Leiden macht man sich selbst Amulette aus Lümpchen, in die man zerhackte Weihsangkräuter mit einem „hl. Blütle" von Weingarten, oder einem thönernen „Einsiegele" (Muttergottesbild von Einsiedeln mit schwarzem Gesicht und zwei Raben auf dem Rücken) einnäht. — **Holgenwaih** heilt man mittelst Wachskügelchen, welche man in Weihwasser träufeln ließ. Drei genügen gewöhnlich. — Wird das Wachs vom Licht schwarz und gibt es eine schwarze Wachsspille, dann stirbt die behaftete Person. — Es wollte einmal ein Student Fahrsamen holen, das machte er aber so: er sollte Nachts 12 Uhr dreimal um einen Galgen laufen, dann würde einer kommen und ihm das Verlangte geben. Als er es so gemacht hatte, konnte er auf einmal nicht mehr gehen und war festgebannt. Jetzt that er aber seine Schuhe herab, ließ diese beim Galgen stehen und lief davon, denn wenn man festgebannt worden, braucht man nur die Schuhe auszuziehen, im andern Fall zerfällt man in Asche, sobald die aufgehende Sonne den gebannten Leib bescheint. — Soll dein Roß im Rennern nie müde werden, so henke ihm eine Beifußwurzel um den Hals, die du am St. Johannistag vor Sonnenaufgang gegraben hast, man muß aber, wenn man weit und lang reitet, allemal wieder ein frisches Stück umhängen. — Fällt dein Roß um, und weißt nicht warum, so lege ihm Fahrwurzel unter die Zunge, es wird bald aufspringen und anfangen stallen. — Hat dein Roß die Schweine, so laß ihm am ersten Freitag im zunehmenden Mond auf der Brust 3 Tropfen Blut heraus, thue sie in einen Federkiel, bohre dann sogleich ein Loch in einen jungen Birnenbaum, stecke den Federkiel hinein und verschließe das Loch mit Baumwachs. Oder: gib dem Roß am ersten Tag des Neulichts fünf Läuse in ein wenig Wachs eingemacht, am andern Tag gibst du sieben, am dritten Tag aber neun im Wachs, das man in ein Stück Brod drückt. Die Läuse müssen von einem Knaben sein, welcher noch nicht sieben Jahr alt ist (d. h. der noch unschuldig ist, denn bis zum siebenten Jahr kommen auch die Buben der Ketzer und Ungläubigen noch in den Himmel). — Nagle einen Ablaßpfennig in dein Melkgeschirr und du wirst mit deiner Milch in keinerlei Ungelegenheit kommen. — Die erste Milch der Kälberkuh (colostrum) ist für das Kalb giftig, auch für den Menschen, wenn sie nicht vor dem Genuß gesotten wird. — Wer Hexenmehl (Bärlapp) in das Seihtuch streut, bekommt dicke, rahmige Milch. — Nachfolgenden Segen soll man irgendwo im Stall verstecken, dann kann keine Hexe bei: Drutenkopf ich verbiete dir mein Haus und meinen Hof, ich verbiete dir meinen Roß- und Kuh-Stall, ich verbiete dir meine Bettstatt, daß du nicht über mich tretest, trete in ein anderes Haus, bis du über alle Berge steigest und alle Zaunstecken zählest und über alle Wasser reitest, so kommt der liebe Tag wieder in mein Haus. Im Namen † † †. Amen.

Gegen das **Nervenfieber** soll man eine Leber unbeschrieen holen, diese in kleine Stückchen schneiden und in den Urinhafen des Kranken legen, ohne daß es der Kranke weiß: Verrichtet Patient seine Nothdurft darein, so wird er gesund. (Bth. I. 481). Wenn ein junger Obstbaum zum erstenmal trägt, soll man diese Früchte nicht essen, sie bringen den Tod. (Bth. I. 491). Ebensowenig soll man Schmellen vom Weg nehmen und damit im Mund stochern (Bth. I. 490).

Ein **gebrochenes** Bein kann man durch Zauber heilen, man bricht an einem einsamen Ort (auf der Laube) einen Stuhlfuß ab, bindet und schindelt ihn regelrecht, wie ein wirklich abgebrochenes Bein. — Felbenruthen jungen Hunden um den Hals gebunden, helfen gegen die „Sucht", auch gegen die Gelbsucht. — Ein Schnitt heilt ohne Schmerz, wenn man mit einem Eschenspan dadurch fährt und diesen dann vergräbt, wo weder Sonne noch Mond hinscheint. (Bth. I. 480). — Wenn eine Stute ein Fülle geworfen hat, so muß man die „richte°" nehmen und an einen Nußbaum hängen, wenn die Thiere gesund bleiben sollen. (Bth. I. 491). — Wie man ein gebrochenes Bein auf eine andere Art curirt. „Beinbruch ich segne dich auf diesen heutigen Tag, daß du wieder gerade werdest auf den vierten Tag, wie nun der liebe Gott der Vater, wie nun der liebe Gott der Sohn, wie nun der liebe Gott der hl. Geist es haben mag. Heilsam ist die brochene Wunde, heilsam ist diese Stunde, heilsam ist dieser Tag, da unser lieber Herr Jesu Christ geboren war, jetzo nehm ich diese Stund, steh über diese brochne Wund, daß diese brochne Wund nicht geschwell, und nicht geschwer, bis die Mutter Gottes einen andern Sohn gebär. † † †. Darauf legt mnn ein Pflaster aus Schieß=pulver, Hefe und Eierklar darüber.

Bubenfist, (Bovista) auch Teufelsküche, Hex=, Altweiberfurz genannt, auf blutende Wunden gelegt, stillt das Blut. Man glaubt, daß diese Pflanze etwas Übernatürliches sei und von Resten der Hexenmetten herrühre.

Es unterliegt keinem Zweifel, daß mit den angeführten Heilmitteln und Kuren noch lange nicht alles zusammengestellt ist, was in der Volksüberlieferung fortlebt, doch mag das Vorstehende immerhin einen ziemlichen Theil der Volksweisheit wiedergegeben haben. Fernere Aufzeichnungen ermöglichen vielleicht einen Nachtrag.

Vieles ist aus den Werken der Alten, insbesondere aus Plinius, unter das Volk gekommen, ob schon in früher Zeit durch die Mönche, oder später erst durch mittelalterliche Scholaren will ich nicht entscheiden.

IV.

Die Hausapotheke eines volksthümlichen Heilkünstlers enthält neben den oben genannten Kräutern die Bestandtheile zu Salben und Pflastern in reichlicher Auswahl: Harz, Terpentin, verborgen Harz, Forchenharz, Wachs, Jungfernwachs, Pech, Glore, Bleiweiß, Silber=, Bleiglätte, Baumöl, Terpentinöl, Anisöl, Kümmichöl, Rosenöl, Ilgenöl, Ammoniakum, Agstein (zuweilen), Einöl, Colofonium (calfone) Bdellium, Carniel, Galmei, Hunds=, Rinds= 2c. Schmalze, wie oben zu lesen ist. Rogen=, Menschen=, Froschknochen, Korallen (gralle), Mastix, Weihrauch, griechisch Pech, Mumien, Myrrhen, Alepatik (alöe hepatica), Gaffer (Safran), Goldglätte, Grib (geriba), Opoponax, Galbanum, Lauröl, Gramillenöl, Drachenblut, armenisch Bol, Alaun, Saturnusöl, Kupferasche, Leim, Galläpfel, Walwurz, Alant und andere Wässer, Schlehensaft u. s. w. Die Harze dienen zu dérrbindr. Opobelbokbalsam, Balsamus Sulfuris, Nervensalbe (bald linimentum volatile, bald unguentum nervinum gemeint) genießen großen Credit. Augennix (nihilum album), das man in der Apotheke gewöhnlich nur mit zagenden Worten verlangt, weil der Schwabe an nix = nichts benkt, Höllenstein, Arsenik, Bittersalz, Glaubersalz, Krebsaugen dürfen in keiner Hausapotheke fehlen. Mittelst der sg. Krebsaugen entfernt man fremde Körper aus dem Auge, indem man das Krebsauge an einer Ecke unter die Augendeckel gleiten läßt, um mit ihm gleichsam auszufegen. Kölnisches Wasser, Karmelitergeist, Risow'sche Lebensessenz, Laxiergütterle, Hoffmännische Tropfen kauft man von den sg. Sachsen, Kranern und Welschen, welche häufig hausirende Rheinbaier sind. Lehm und Letten mit Essig verrührt dient als Salbe bei ent=

zünbeten Gliedern für Vernünftige und Unvernünftige. Merkur (keksilbr) als Merguri=, Laus=, Nabel=, Reitersalbe. Weißer und rother brinzibbidád (praecipitat) wird zu allerlei heilsamen Augensalben, Nöthelstein, Blutstein, Schwefel zu anderweitigem Geschmier verbraucht. Weinstein (präparirten) gebrauchen alte „hitzige Leut" d. h. Leute mit Verstopfung, Seifengeist, Kampfergeist solche, die an Flüßen leiden. Wunden an Fingern und Zehen werden meist selbst behandelt oder durch eine Nachbarin Doktorin. Schreiner curiren mit dem Leim, Schmiede mit dem Löschtrogwasser, Wagner mit dem Eschenspan, Weber mit der Schlichte, Gerber mit der Lohbrühe. Die gemeinen Leute sind überaus messerscheu. Lieber ertragen sie tagelang die scheuß= lichsten Schmerzen, als daß sie sich mit einem Messer einen kleinen Einschnitt machen lassen, um sofort Ruhe zu bekommen. Die Feigheit versteckt sich hinter die Ausrede mit dem Unreissein einer Sache. Der Anblick von Blut, auch wenn es nur wenige Tropfen sind, macht die guten Bauern erbrechen vor „Daulen", ohnmächtig vor Entsetzen. Selten trifft man so harte und beherzte Menschen, daß sie mit stoischer Ruhe alle Schmerzen einer Operation ertragen. Einzelne sah ich aber dann auch Unglaubliches leisten. Die „Wehleibigkeit" ist übrigens immer noch im Zunehmen, da insbesondere das weibliche Geschlecht, ganz im Gegensatz zu den alten deutschen Weibern, überaus feig ist und die Jugend verdirbt. Es braucht schon eine gute Zunge, wenn man Manche dazu bewegen will, einen zeitigen (reifen) Absceß, Furunkel ꝛc. ꝛc. mit der Nadel öffnen zu lassen. Es gibt aber einzelne Kogenflicker und „Schinder", welche den Muth haben, eine Operation zu machen, sei es mit Aufschneiden einer Geschwulst, wobei sie eine lange Nadel durch den Absceß stecken, um auf ihr mit dem „Balbir= messer" quer durch die Geschwulst fahrend, das „Käpple" abzuheben und das „Eiterhaus" herauszunehmen, sei es mit der Herausnahme eines Knochensequesters, eines abgestorbenen Fingernagels u. dgl. Bekanntlich machen alle Operationen an und um die Fingernägel herum eine obligate Gänsehaut über jeden hin, der nur davon sprechen hört. Hühneraugen werden in manchen Familien nicht beschnitten, weil man sich vor dem „Hundskrampf" (Starrkrampf) fürchtet. Zuweilen geht auch ein Mann um, der „Ohrenringe sticht", dem Metzger ein Hackbeil, dem Müller ein Rad, dem Bauer ein Rößlein in's Ohr zu heften. Um sich den Unterleib zu ruiniren, „putzt" man sich mit Morrison'schen, Lange'schen, Strahl'schen, Frankfurter Pillen aus, natürlich werden immer stärkere Sorten nöthig, je mehr die Unterleibsorgane lahm gelegt sind.